장병규의 스타트업 한국

장병규의 스타트업 한국

지은이 장병규
펴낸이 임상진
펴낸곳 (주)넥서스

초판 1쇄 발행 2018년 1월 2일
초판 5쇄 발행 2018년 2월 5일

2판 1쇄 발행   2020년 6월 25일
2판 1쇄 인쇄   2020년 7월 1일

출판신고 1992년 4월 3일 제311-2002-2호
주소 10880 경기도 파주시 지목로 5
전화 (02)330-5500 팩스 (02)330-5555

ISBN 979-11-6165-153-8   03320

저자와 출판사의 허락 없이 내용의 일부를
인용하거나 발췌하는 것을 금합니다.
저자와의 협의에 따라서 인지는 붙이지 않습니다.

가격은 뒤표지에 있습니다.
잘못 만들어진 책은 구입처에서 바꾸어 드립니다.

www.nexusbook.com
넥서스BIZ는 (주)넥서스의 경제경영 브랜드입니다.

장병규의
스타트업
한국

장병규 지음

넥서스BIZ

10여 년 전 어느 대학교에서 제가 공동 창업한 네오위즈의 성공 사례를 바탕으로 창업에 관한 강연을 했습니다. 학생들은 흥미롭게 들은 듯했는데, 초청한 분이 "학생들에게 시도하라고 하기에는 힘든 사례인 것 같다"는 의견을 주셨습니다.

합리적 조언이었습니다. 네오위즈처럼 크게 성공하는 스타트업은 흔치 않고, 성공 사례를 따른다고 성공하는 것도 아니니까요. 자연스럽게 '학생들에게 창업에 관해 무슨 말을 전하면 좋을까?'라고 고민하기 시작했습니다.

이후 게임 제작사인 블루홀스튜디오를 공동 창업하고, 초기 스타트업에 투자하는 본엔젤스를 통해 100여 개 이상의 스타트업에 직·간접적으로 투자하며, 다양한 강연도 했습니다. 무엇보다 창업자들과 스타트업 관계자들과 많은 대화를 나눴습니다.

시간이 흐를수록 개별 사업에 관한 질문 이외에는 비슷한 질문들이 반복되고, 제가 비슷한 답변을 여러 형태로 반복함에도 질문자들은 큰 도움이 되었다고 감사하는 경우가 많아졌습니다. 좀 더 폭넓게 질의응답 내용을 공유하면 어떨까 하는 마음이 들었습니다.

집필을 결심한 결정적 계기는, 제가 가족에게 말을 많이 하는 편이 아니기 때문입니다. 스타트업이나 창업과 관련된 이해가 부족한 가족은, 남편이, 아들이, 아빠가 무슨 일을 하는지, 어떤 가치가 있는 일인지 알기 힘듭니다. 그렇기에 가족에게 제가 속한 분야를 전반적으로 설명하는 책을 집필하고 싶었습니다.

····

스타트업은 사회의 혁신과 발전을 위한 메커니즘 중 하나입니다. 사회가 변할 때, 가장 효율적으로 사회 변화를 반영할 수 있는 체계 중 하나입니다.

예컨대 인터넷의 확산이라는 사회 변화에 맞춰, 네이버나 구글 등을 통해 정보를 검색할 수 있게 됐고, 스마트폰의 보급이라는 사회 변화에 맞춰, 배달의민족을 통해 주문할 수 있게 됐습니다. 네이버, 배달의민족 등은 대표적인 예일 뿐이고, 실은 이보다 훨씬 다양한 사회 변화와 혁신이 무수하게 존재합니다.

스타트업 하면 고위험·고수익을 떠올리고, 누군가는 대박의 꿈으로 스타트업을 시작합니다. 어쩌면 대부분은 실패와 낙오자를 떠올리는 것 같습니다.

하지만 본질적으로 스타트업을 시작하는 것, 스타트업에서 일하는 것은 여러 의미 있는 삶의 형태 중 하나일 뿐입니다. 공무원, 대기업 직원, 학자, 노동자, 농부, 장인 등 각자의 길을 선택하고 자기 나름대로 의미 있게 살아갈 수 있는 것처럼, 저는 스타트업도 그런 의미 있는 선택지 중 하나라고 생각합니다.

많은 스타트업이 실패하는 것은 사실이지만, 스타트업에 속한 개개인은 실패하지 않을 수 있습니다. 스타트업에서 일하는 것은 상당한 에너지를 필요로 하지만, 제대로 한다면 본인의 삶에 딱 맞을 수도 있습니다. 좋은 문화를 가진 괜찮은 직장 중의 하나로 스타트업을 고려하는 것은 현명합니다.

무엇보다 스타트업에서는 스스로 성장한다는 느낌, 그리고 성취감을 느낄 가능성이 상당히 높습니다.

••••

스타트업과 관련된 책들 다수는 실리콘밸리를 토대로 하는데, 한국과 미국은 교육, 문화, 사회 기반, 법적 체계 등이 다릅니다. 경영과 사업과 관련된 상당히 많은 책들은 대기업을 가정하는데, 스타트업은 대기업과 본질적으로 상당히 다른 동작 원리를 가집니다.

이 책은 '한국의 현실을 반영한 스타트업 입문서'입니다.

이 책을 읽는다고 스타트업과 관련된 세부 지식이 쌓이진 않습니다. 다만 스타트업 전반의 기본 원리를 이해함으로써, 스타트업과 관련된 글, 기사, 이야기 등을 접할 때 그것이 어떤 맥락인지 알 수 있기를 기대합니다.

이 책이 한국의 창업자들과 스타트업에서 일하는 이들을 위한 기본 입문서가 되길 바랍니다. 또한 가족에게 스타트업 교양서로 추천할 수 있을 정도로 쉽게 읽히도록 최선을 다했습니다.

실리콘밸리가 수십 년 동안 스타트업 생태계를 발전시켜왔다면, 한국 스타트업 생태계는 지난 20년간 비약적으로 발전했습니다. 2000년 초 벤처 광풍과 같은 부정적 사태도 있었지만, 수많은 이들의 기여로 한국 스타트업 생태계는 꾸준히 발전했습니다.

《장병규의 스타트업 한국》은 '스타트업의 번창과 한국의 발전'을 기원하는 책입니다. 이 책은 스타트업의 성공과 성공 방식을 다루는 저작이 아닙니다. 스타트업에는 성공보다 실패가 더 많습니다. 그렇기에 실패에 대한 관용이 생기기를, 이 사회가 실패에 관해 편하게 대화할 수 있기를 기대합니다.

이 책을 읽으면, 전반적으로 스타트업에 대한 긍정적인 느낌을 받을 것입니다. 우리와 우리가 속한 사회가 시행착오, 실수, 실패 들로 발전하듯이, 시행착오와 도전의 과정인 스타트업이 대한민국의 긍정적 일부로 받아들여지기를 기대합니다.

끝으로, 이 책을 통해 제 가족도 저의 일을 다소나마 이해할 수 있기를 바랍니다.

· · · ·

제가 성장하고 교육받은 환경, 저와 함께 회사를 만들고 성장시킨 많은 이들, 스타트업의 창업자들과 관계자들, 꾸준히 발전 중인 한국 스타트업 생태계가 있었기에 이 책이 있습니다.

지속적 관심으로 출판을 이끈 넥서스의 오정원 님, 집필의 중후반을 함께한 박대춘 님, 특히 집필을 함께 시작해 초안을 작업한 김태경 님에게 감사드립니다. 시간이 항상 부족한 저를 이해하고 지원해준 아내에게 감사합니다.

스타트업 스토리에 대해

스타트업 4개의 초창기 스토리는 창업자 및 전·현직 임직원들의 구술을 바탕으로 작성했으며, 상세 사항을 생략하거나 사실 관계를 크게 해치지 않는 선에서 간결하게 정리하여 쉽게 읽히도록 노력했습니다. 초창기 스타트업의 실제 사례들을 통해, '사람, 업, 자금'이 현장에서 구체적으로 어떻게 작동하는지 느낄 수 있기를 기대합니다.

참고로, 스토리에 등장하는 인물들의 명예를 고의로 훼손하거나 사실을 왜곡하려는 의도는 전혀 없음을 밝힙니다.

또한 실제 스타트업 현장은 스토리보다 훨씬 미묘하고 복잡하기에, 그 현장에 없었던 사람들이 무언가를 비판 혹은 비평하는 것은 삼가야 한다는 점도 강조합니다.

장병규

스타트업

사람

업

자금

START
UP

창업자와 스타트업 구성원의 가족이
자주 하는 질문

창업자와 스타트업 구성원의
가족이 자주 하는 질문

창업자의 가족은 불안합니다. 창업자를 믿지만 실패하면 어쩌나 싶고 이해하기 어려운 사업을 한다는 것이 불안합니다. 스타트업에 취업하는 자녀를 둔 부모의 마음도 불안합니다. 특히 자녀가 훌륭하다고 부모가 믿는다면, 불안을 넘어 불만을 느낄 수도 있습니다.

필자는 사람들이 모르는 것은 과소평가하거나 과대평가하는, 그래서 있는 그대로 받아들이지 않는 모습을 종종 발견합니다. 스타트업에 대한 우리 사회의 이해도가 낮기에 가족이 불안해하는 것은 어쩌면 당연합니다.

이 책 전체를 읽는다면, 그래서 스타트업을 올바르게 이해한다면, 어떤 면은 걱정하되 어떤 면은 편하게 받아들일 것이라 믿습니다. 이 책 전체를 읽기 힘들더라도 이 섹션은 꼭 읽어보시기를 권합니다. 창업자들의 가족이, 스타트업 구성원들의 가족이 흔하게 하는 질문들에 대한 필자의 답변을 담았기 때문입니다.

창업자들, 혹은 스타트업 관계자들이라면, 이 섹션만이라도 가족이 읽도록 권하는 것은 어떨까요? 외롭고 힘든 여정인 스타트업을 하는 데 가족이 스타트업을 이해하고, 그 이해를 바탕으로 든든한 버팀목이 되기를 기원하면서 말입니다.

창업자의 가족을 위한 질의응답 ▼

실패해도 괜찮나요? 그러다 망하면 어떡하나요? 성공할 수 있을까요?

스타트업을 하는 누구라도 성공을 바랍니다. 심지어 최선을 다합니다. 그럼에도 결과적으로 성공보다 실패가 훨씬 많습니다. 대부분 스타트업이 망하는 것은 외면할 수 없는 사실입니다. 가족은 창업자를 믿을 것이고, 우리 가족은 다를 것이라 기대할 수도 있지만, 글쎄요, 가족의 믿음이 성공 가능성을 높이진 않을 것 같습니다.

그렇다면 스타트업을 하지 말아야 할까요? 꼭 그렇진 않습니다.

스타트업의 실패와 창업자의 실패를 분리해서 보아야 합니다. 스타트업이 실패하더라도 창업자가 급성장하고, 그래서 언젠가 높은 연봉을 받을 수 있다면, 창업자는 그 나름 성공한 것 아닐까요? 물론 창업자가 연대보증 등으로 회복 불가능한 수준의 빚을 져서는 곤란합니다. 많은 스타트업 관계자가 연대보증 폐지를 주장하는 이유이기도 합니다.

스타트업 초기에 여러 이유로 창업자들은 오로지 일에만 몰입합니다. 일과 삶의 균형은 없습니다. 가족 관계나 친구 관계조차 소원해질 수 있습니다. 이러한 몰입은 창업자 급성장의 필수 조건이며, 스타트업이 실패해도 창업자가 성공적인 삶을 살아갈 수 있는 동인(動因)이기도 합니다.

창업자는, 창업자 가족은, 스타트업의 성공과 실패를 이야기하기보다 창업자 스스로 많이 배우고 있는지, 매일 성장하고 있는지 등을 질문해야 합니다.

왜 창업을 할까요? 왜 창업을 또 할까요? 왜 힘들게 살까요? 평범한 삶도 좋지 않나요? 사업이 힘든 것 같은데, 말려야 하는 것 아닐까요?

창업의 이유는, 창업자들마다 천차만별인 것 같습니다. 팀워크, 어려운 문제를 푼다는 희열감, 온전하게 자신의 삶을 산다는 느낌, 일취월장, 사명감, 성취감, 우울과 즐거움을 오가는 롤러코스터 같은 감정, 소수의 삶을 산다는 존재감, 진취적 도전 의식 등등.

스타트업의 스토리는 참으로 다양한데, 창업의 이유도 그만큼 다양합니다. 평범한 삶이 좋은 이유만큼이나 창업이 좋은 이유도 다양합니다. 다만 창업자 가족은 다음과 같은 상태인지는 확인해보면 좋겠습니다.

첫째, 멋진 듯하다는 이유. 언론에서는 스타트업의 실패보다 성공 스토리를 많이 다룰 수밖에 없습니다. 스타트업 전문 언론조차도 그 많은 스타트업 실패 스토리를 다룰 수 없습니다. 스타트업 성공 스토리를 접하면 스타트업이 멋져 보일 수 있습니다. 하지만 그것은 스타트업에서 흔치 않은 경우입니다. 스타트업은 멋지다는 이유로 버티기에는 참으로 힘든 것입니다.

둘째, 돈을 벌겠다는 이유. 스타트업이 성공한다면, 다른 어떤 일보다 많은 돈을 벌 수도 있습니다. 부자가 되는 창업자들도 분명히 있습니다. 하지만 돈을 벌겠다는 마음으로 시작한다면, 정말 작심해야만 합니다. 경제적 이유로 버티기에는 그 과정이 만만치 않기 때문입니다. 당연히 '나도 한 번쯤'이라는 생각은 절대 금물입니다.

창업자가 가슴에 손을 얹고, 멋, 돈, '나도 한 번쯤' 등과 같은 이유가 아니라 다른 이유로 가슴이 설렌다면, 어려움과 고초를 겪어도 추구할 바가 있다면, 스타트업은 분명히 의미 있는 삶의 여정입니다.

사업을 한다는 걸 이해할 수 없고, 안 될 것만 같은데 괜찮을까요?

20여 년 이상 다양한 사업과 수많은 스타트업 투자를 경험한 필자는 "사업은 남들이 된다고 해서 되는 것도 아니고, 남들이 안 된다고 해서 안 되는 것도 아니다"라는 말을 자주 합니다. 누구나 어떤 사업에 대해서도 조언하거나 비평할 수 있지만, 그 누구도 사업의 성공 여부를 판단하기 힘듭니다.

특히 스타트업은 사회 혁신의 도구 중 하나이기 때문에 대다수 스타트업의 초기에는 논란의 여지가 상당히 있습니다. 스타트업이 하려는 사업은, 기존에 없었거나, 기존 방식 혹은 익숙함을 변화시키거나, 새로운 가치를 창출하는 것들이기 때문입니다.

또한 유사한 아이디어도 어떤 팀이 하느냐에 따라 성공 여부가 달라질 수도 있습니다. 그렇기에 투자를 업으로 삼고 있는 투자자들조차도 단순히 아이디어를 듣고 사업의 성공 여부를 판단하지 않습니다. 경험 많은 투자자들일수록 창업자의 의견과 주장을 더욱 사려 깊게 경청합니다.

결론적으로 창업자의 가족은 일단 창업자를 믿어주면 좋겠습니다. 가족이 아니라도, 창업자의 아이디어를 비평할 세상 사람은 너무 많습니다. 대부분의 스타트업이 실패하므로 실패한다고 주장하면 마치 예언자처럼 보이기도 하니까요.

가족을, 본인 처지를, 나이를 생각해야 하지 않을까요?

당연히 고려해야만 합니다. 창업은 창업자의 몰입과 희생을 요구합니다. 본인뿐 아니라 가족에게도 어떤 형태로든 영향을 미칩니다. 창업자의 스트레스가 가족에게 발산될 수도 있습니다. 그렇기에 창업 전에 반드시 가족과 상의를 해야 합니다.

개인별 상황과 생각이 모두 다를 것이므로 상의할 내용은 필자가 특정하기 힘듭니다. 다만 두 가지를 조언합니다.

하나는, 스타트업은 보통 2~3년 이내에 실패하는 경우가 대다수이므로 가족들이 2~3년 정도 인내할 수 있을지 반드시 논의하기를 권합니다. 그리고 창업자의 2~3년 스타트업 도전에 가족이 동의했다면, 해당 기간에는 가급적 창업자를 전폭적으로 지지하는 것이 좋습니다. 스타트업이 잘되든 잘되지 않든 가장 힘든 것은 창업자 자신이기 때문입니다.

다른 하나는, 창업자와 가족 사이의 대화가 힘든 경우, 스타트업에 대한 이해도가 낮기 때문일 수 있습니다. 또는 스타트업에 대한 이해가 서로 다르기 때문일 수도 있습니다. 이 경우 이 책을 함께 읽어보면 어떨까요?

동업해도 되나요?

동업을 해도 됩니다. 공동 창업은 스타트업에서 흔합니다.

나이 든, 특히 사업을 해본 분들이 자주 하는 질문인데, 대부분 동업자의 배신과 같은 부정적 경험 때문인 듯합니다. 최근에는 관련 법률, 협업 도구의 발전 등과 더불어 투명하게 정보를 공유하는 스타트업의 특성으로 인해 예전과 같은 사고는 흔치 않습니다.

물론 여전히 동업, 즉 공동 창업 자체는 힘듭니다. 각자의 성격과 특장점이 다르기 때문에 두 명 이상이 팀으로 일하는 것은, 그리고 함께 창업하는 것은, 그 자체가 어렵습니다. 그럼에도 낮은 성공 가능성을 조금이나마 높일 수 있다고 믿기에 필자는 공동 창업을 권장합니다.

사업을 위한 자금을 부탁하는데, 고민입니다.

당연히 고민이 많을 것입니다. 창업자는 믿지만, 창업자가 하겠다는 사업은 잘 모르겠고, 심지어 대부분의 스타트업은 실패하니까요.

필자의 조언은 다음과 같습니다.

첫째, 절대 빚을 내서 자금을 지원하지는 마십시오. 창업자뿐 아니라 가족도 힘들어집니다. '확실히 돈을 버는 사업 따위는 세상에 없다'고 생각하는 것이 지혜롭습니다. 확실히 성공하는 스타트업 따위는 없습니다.

둘째, 원래 줄 자금이었다면, 그것은 주십시오. 창업자의 교육이든, 결혼 자금이든, 어떤 형태로든 창업자에게 주려고, 그래서 조금씩 모아둔 자금이 있다면, 그것은 지원하십시오. 스타트업도 창업자 삶의 여정이니까요.

셋째, 딱 한 번만 지원하십시오. 두 번 도와주지 마십시오. 물론 이렇게 결심하더라도, 단순하게 설명하기 힘든 여러 이유들로 인해 어쩌면 두 번은 도와줄 수 있습니다. 하지만 어떤 일이 있더라도 세 번은 아닙니다. 돈이 독이 되기도 합니다.

다시 강조합니다. 창업자에게, 창업자의 성장에 자금을 지원하는 것이지 절대 사업에 투자하는 것이 아닙니다. 지원한 자금은 잊고, 먼발치에서 응원하면 좋겠습니다. 물론 창업자가 연대보증 등을 통해 회복 불가능한 정도의 빚이 생기는지 간혹 확인하는 것이 좋습니다.

스타트업을 대기업에 팔아버리는 것이 스타트업 성공인가요?

성공입니다. 매각만이 유일한 성공의 길은 아니며, 매각이 대성공은 아닐 수 있어도 분명한 성공입니다.

한국에는 창업자의 회사 매각을 부정적으로 보는 시각이 여전히 있습니다. 혹은 회사를 매각할 것이라면 왜 회사를 만들었느냐는 시각도 있습니다. 이런 시각들은 혁신, 시장경제, 조직, 스타트업 등에 대한 이해가 부족하기 때문이라고 생각합니다.

스타트업은 대기업과 혁신하는 방식이 전혀 다릅니다. 기존의 자산, 다수의 조직력으로 꾸준히 혁신하는 대기업과 소수의 창업자와 핵심 인재들을 중심으로 무에서 유를 만드는 스타트업은 본질적으로 다릅니다. 대기업이 잘하는 것과 스타트업이 잘하는 것이 다릅니다.

그렇기에 혁신적인 스타트업이 핵심적인 과업을 달성한 이후에는 어쩌면 기존 대기업과 함께하는 것이 사회 전체의 편익 차원에서 이익일 수 있습니다. 물론 스타트업이 독자적으로 중견기업, 대기업으로 성장하는 것도 유의미할 수 있습니다.

보다 본질적으로, 스타트업의 성공과 실패는 창업자의 마음에 있다고 필자는 생각합니다. 창업자가 스타트업을 시작한 이유가, 그리고 해당 스타트업에 그렇게 몰입한 이유가 있을 것이고, 그것이 달성되었다면 돈을 벌지 못했더라도 성공일 수 있습니다. 어쩌면 돈을 벌었더라도 창업자는 실패라 느낄 수 있습니다.

계속 바쁘다고 하는데, 언제쯤 바쁘지 않을까요? 혹은 언제쯤 성공할지 실패할지 알 수 있나요? 성공하면 덜 바쁠까요?

대다수 스타트업은 2~3년 이내에 실패합니다. 다만 한 스타트업이 다양한 사업을 시도할 수도 있고, 사업마다 특성이 다르기에 기간을 특정하기는 어렵습니다. 스타트업 실패는 흔하고, 실패 자체가 문제는 아닙니다. 창업자가 재기를 못할 정도로 실패하는 것이 문제입니다.

사업이라는 것이 조금만 더하면 될 것 같은 경우가 너무나 많고, 사람의 자기 합리화 경향은 강하기에 사업을 진행 중인 창업자가 실패를 인정하는 것은 대단히 힘듭니다. 그렇기에 창업 전에 반드시 도전의 기간과 자금을 정해둬야만 하며, 가족들과 주변 사람들에게 알리는 것이 좋습니다. 정한 바를 기계적으로는 지킬 수 없을지라도, 폭주를 막는 심리적 브레이크로 작동합니다.

스타트업 성공은, 특히 남들도 인식할 정도의 성공은 오래 걸립니다. 8~9년은 예사입니다. 3~4년 사업을 하면 창업자는 사업의 성공을 느낄 수도 있지만, 남들 눈에는 여전히 일에 묻힌, 어쩌면 누군가의 눈에는 딱한 삶처럼 보일 수도 있습니다. 언론이 대서특필을 하는 성공한 창업가가 많은 이에게는 어느 날 갑자기 탄생한 신데렐라처럼 보일 수도 있습니다. 하지만 스타트업 관계자들은 알고 있습니다. 창업자가 지난 수년간 얼마나 지난한 길을 걸었는지를 말입니다.

스타트업은 창업자가 자신의 삶을 살아가는 방식입니다. 그렇기에 창업 초기에 온전히 몰입하는 것은 당연합니다. 몰입을 수년간 이어가는 창업자도 있고, 2~3년의 몰입 이후 여러 방식으로 일과 삶의 균형을 찾아가는 창업자도 있습니다. 그렇기에 언제쯤 창업자가 덜 바쁠 것인지는 창업자에게 달려 있습니다. 단, 초기 2년 정도는 대부분 창업자들이 대단히 바쁘다는 점은 확실합니다.

스타트업은 위험한데, 투자자들은 왜 스타트업에 투자하나요? 투자자들의 투자 기준이 있나요?

투자로 돈을 벌 수 있기 때문에 투자자들이 스타트업에 투자합니다. 투자자들에게 투자는 생업입니다. 투자로 돈을 벌어야만 합니다.

스타트업 다수는 실패하는데, 투자자들은 어떻게 돈을 벌까요? 투자자들은 성공하는 소수의 스타트업에서 상당히 많은 수익을 거둠니다, 성공하는 스타트업은 소수이고, 큰 성공까지는 오랜 시간이 필요하지만, 그 과실은 상상 이상입니다. 다수 스타트업의 투자 손실보다 소수 스타트업의 투자 이익이 크다면, 투자자들은 돈을 법니다.

어쩌면 소수의 성공한 창업자들이, 투자자들을 통해 다수의 실패하는 창업자들을 돕는 구조라고 볼 수도 있습니다. 이런 구조로 인해 실패한 창업자들이 빚에 허덕이지 않고, 재도전을 하거나 직장에 취직할 수도 있습니다.

스타트업 투자는, 누군가 예술(art)이라고 표현했을 정도로 투자 기준을 단순하게 설명하기 힘듭니다. 필자도 10년 이상 스타트업 투자를 했지만, 여전히 힘들고 늘 공부해야만 합니다.

야구에서 훌륭한 타자도 3할을 넘기기 힘든 것처럼 초기 스타트업 투자자가 10개 스타트업에 투자해서 3개 이상의 성공을 거두기는 쉽지 않습니다. 그렇기에 창업자의 스타트업이 투자를 받는다면, '사업이 전진하고 있구나', '뭔가 이뤄지고 있구나' 정도로 받아들이되 성공이나 대단한 의미로 받아들이는 것은 곤란합니다.

어떤 회사나 중장기적으로는 이익을 내야만 존재할 수 있다는 점에서 스타트업도 예외는 아닙니다.

스타트업과 벤처는 다른 것인가요?

같습니다. 책의 모든 스타트업 단어를 벤처로 변경해 읽어도 무방합니다. 다만 해당 용어가 유래한 영어 표현들을 고려하면 벤처보다는 스타트업이 좀 더 정확한 용어입니다.

회사 월급은 제대로 나올까요? 업무로 항상 바쁜 것 같은데, 원래 그런가요?

스타트업은 대부분 실패하기에 평생 직장이 아닙니다. 월급이 안 나오면, 그만두면 됩니다. 문제는 스타트업을 그만두고도 다른 직장을 찾을 수 있느냐는 것입니다. 즉 경쟁력 있는 인재냐는 것입니다.

스타트업 구성원들이 바쁜 것은, 남을 위한 것이 아니라 본인을 위한 것이기 때문입니다. 집중과 몰입, 압축적인 경험과 학습을 통해 어떤 회사도 탐내는 높은 연봉의 인재가 되기 위함입니다. 단기적으로는 월급이 적을 수 있지만, 보다 빠르게 성장할 수 있기에 길게 보면 경제적으로 이득일 수 있습니다.

스타트업이 추구하는 가치, 비전, 같이 일하는 사람과의 팀워크, 독특한 문화 등과 같은 비경제적 요소도 결국 본인의 가치와 행복을 추구하는 것입니다.

월급도 중요하겠지만, 스타트업에서 바쁜 것이 본인을 위한 것이냐, 그리고 그 과정에서 경쟁력 있는 인재로 성장하고 있느냐가 핵심입니다.

안정적인 대기업을 나와서 스타트업에 간다는데, 걱정이네요.

스타트업보다 대기업, 중견기업이 상대적으로 안정적입니다. 그런데 대기업, 중견기업이 안정적인가요? 평생 직장인가요? 대기업, 중견기업에는 구조조정이 흔하며, 권고사직을 당한 50대 가장이 막막한 것은 현실입니다.

조직이 일자리의 안정을 주기도 하지만, 어쩌면 개인의 직업 안정성은 개인의 능력에서 나오는 것일 수도 있습니다. 역량과 경험이 있는 개인을 조직이 함부로 권고사직시키지는 않을 것입니다.

동일한 조건이라면, 당연히 대기업, 중견기업을 선호해야 합니다. 하지만 대기업, 중견기업과 스타트업은 근본적으로 다릅니다. 대부분 스타트업은 구성원들이 보다 빠르게 성장할 여건을 제공합니다. 그렇기에 특정 시기에 스타트업에서 일하는 것이 장기적 관점에서는 손해가 아닐 수 있습니다.

대기업을 나온다고 걱정하는 것보다, 오히려 "사수가 누구냐? 함께 일할 사람은 누구냐? 그들과 함께 일하면 배울 것은 많을 것 같으냐?"와 같이 스타트업에서 성장할 가능성을, 그래서 대기업, 중견기업이 오랫동안 함께하고 싶은 인재로 발전할 가능성을 질문하는 것이 더 현명한 일입니다.

본인 사업도 아니고, 월급도 적으며, 전망도 없는데, 왜 스타트업에 갈까요?

본인 사업이 아니라 잃을 것도 없고, 월급이 적어도 빠르게 성장할 수 있으며, 어떤 스타트업에도 성공 가능성은 있으므로, 오히려 스타트업에 가지 않는 것이 이상하지 않나요?

스타트업을 선택하는 이유는 다양하기에 단순한 잣대로 재단하지 않았으면 좋겠습니다. 스타트업에서 빠르게 성장하기 위함일 수도 있고, 창업자가 강조한 가치에 공감했을 수도 있으며, 성공할 것이라 굳게 믿을 수도 있고, 그곳의 업무 문화가 마음에 들 수도 있습니다. 돈과 같은 경제적 가치뿐 아니라 비경제적 가치도 유의미하고, 외적 동기뿐 아니라 내적 동기 또한 삶을 살아가는 중요한 동인입니다.

다만 합류할 스타트업이 실패하더라도 얻을 수 있는 바를 구체적으로 생각해보라고 조언하면 어떨까요? 대부분 스타트업은 실패하기에 성공할 경우에 버는 돈 이외의 가치를 숙려하는 것은 중요합니다.

같이 하는 사람, 특히 대표가 괜찮은 사람일까요?

열 길 물속은 알아도 한 길 사람의 속은 모른다는데, 대표가 괜찮은 사람인지 알 수 있는 방법은, 솔직히 모르겠습니다. 다만 성공하는 창업자들이 멀쩡해 보이지 않는 경우가 간혹 있습니다. 스타트업은 무난함보다는 독특함, 열정, 의지, '똘기', 탁월한 실행력 등으로 시행착오를 통해 혁신하는 것이니까요.

추가로, 스타트업을 포함해서 어떤 조직에서든 구성원에게는 대표보다 함께 일하는 사수가 훨씬 중요합니다. 즉 사수가 대표가 아닐 수 있으니 사수가 어떤 사람인지, 무엇을 배울 수 있는지 등을 물어보는 것이 좀 더 유의미합니다.

그리고 투자자가 투자한 회사인지를 질문해도 좋습니다. 투자가 생업인 사람들이 해당 스타트업, 대표, 창업자 등에 대한 판단을 한 번 했으므로 적어도 사기는 아닐 듯합니다. 투자자의 과거 투자 실적이 괜찮았다면, 해당 스타트업을 좀 더 긍정적으로 봐도 좋습니다.

지분? 스톡옵션? 엑시트(Exit)? 이런 것들은 무슨 의미를 가질까요? 도움이 되는 것인가요?

결론부터 단순하게 말하면, 지분, 스톡옵션 등이 많으면 좋지만 어떤 판단의 근거로 삼는 것은 조심해야 합니다.

스타트업에서는 월급을 많이 받아서 돈을 버는 것보다 스타트업이 성공했을 경우 지분을 팔거나 스톡옵션을 행사해 제법 큰돈을 벌 수 있습니다. 일종의 성공 인센티브 같은 것이죠. 그리고 지분을 팔거나 스톡옵션을 행사해 현금화하는 것을 엑시트(Exit)라고 표현합니다.

그런데 대부분 스타트업은 망하기 때문에 엑시트(Exit)의 기회가 오지 않고, 지분, 스톡옵션이 휴지가 되는 경우가 더 많습니다. 지분, 스톡옵션을 많이 받는다고, 그것만으로 좋아할 필요는 없는 것이죠.

물론 일정 수준 이상으로 성장한, 그래서 어느 정도의 성공이 예상되는 스타트업의 지분, 스톡옵션은 현금화될 가능성이 높습니다. 성장하는 스타트업은 자금을 보다 빠른 성장에 우선 투자하기에 늘 현금이 빠듯할 가능성이 높고, 현금보다 지분, 스톡옵션으로 인센티브를 지급하는 경우가 흔하기 때문입니다.

정리하면, 초창기 스타트업에서의 지분, 스톡옵션은 휴지가 될 가능성이 높고, 성장한 스타트업에서는 괜찮은 인센티브가 될 수도 있

습니다. 그렇기에 의사 결정의 큰 요인으로 고려치 않고, 없는 것보다
는 있는 것이 좋다는 정도로 생각하면 좋습니다.

그 일을 오래할 수 있을까요?

대부분 스타트업은 실패하므로 해당 스타트업에서 오래 일할 가능
성은 낮습니다. 물론 스타트업이 성공한다면, 초기 구성원이 중요한
역할과 책임을 맡으며 해당 스타트업에서 오랫동안 일하는 경우가
간혹 있긴 합니다. 하지만 일반적인 경우는 아닙니다.

그럼에도 해당 전문 영역의 일을 오래할 수는 있습니다. 스타트업
의 실패가 스타트업 구성원의 실패를 의미하는 것은 전혀 아닙니다.
업무 역량과 경험은 기본적으로 개인에게 축적됩니다. 그렇기에 해
당 전문 영역의 일을 더 오랫동안 더 값어치 있게 할 수도 있습니다.

다시 강조하지만, 오래 일하는 것보다 성과를 내고, 본인 스스로 성
장할지를 고민하는 것이 보다 유의미합니다.

START

UP

스타트업

스타트업

기성세대에게 스타트업은 새롭다. "어떻게 돌아가는지 잘 모르겠다"라는 무지의 영역을 넘어서서 "아무리 들어봐도 내 상식으로는 이해가 되지 않는다"고 비상식의 영역으로 말하는 사람도 많다.

이러한 반응은 전통 산업과 관련된 분야에서 일을 했거나 대기업에서만 커리어를 쌓아온 젊은 세대에서도 종종 들을 수 있는 말이다. 왜일까?

스타트업? ▼

　한국은 지난 수십 년 동안 제조업 위주로 성장했다. 1940년대부터 1960년대 사이에 태어나서 1950년대부터 1980년대까지 경제 활동을 한 세대 대부분은 전자, 자동차, 중공업, 화학, 기계, 조선, 건설, 제철 등과 같은 제조업 분야에 종사해왔다. 그리고 사업의 규모가 중요한 제조업의 특성상 이런 업종에 종사했던 사람들은 대기업에서 일을 했거나, 혹은 대기업을 상대로 거래하는 일을 했을 가능성이 높다. 대표적인 기업이 삼성전자일 것이다.

오늘날의 스타트업들은 대부분 규모가 작고, 기존 제조업 관점에서는 아무것도 만들어내지 않는 비제조업인 경우가 대부분이다. 한국은 1990년대부터 정부가 주도하는 형태로 스타트업과 관련한 생태계가 만들어졌고, 1960년대 시작되어 현재 가장 풍성하고 강력한 생태계를 형성한 실리콘밸리를 모방하면서 성장했다. 대표적인 기업이 네이버일 것이다.

기성세대가 스타트업을 이해하기 어려워하는 것은 어쩌면 당연할지도 모른다. 우리의 부모 세대는 학교 교육이나 미디어 등을 통해 기업과 경제에 대한 상식을 얻을 때 제조업 중심 혹은 대기업 주도의 경제를 기준으로 배운 경우가 일반적이다. 이들은 스타트업이 어떻게 작동하는지 이에 대한 제대로 된 지식과 정보를 얻을 기회가 없었다. 그렇기에 스타트업에 대한 이야기를 들으면 비상식적으로 느껴지는 것이 당연할 수 있다.

····

스타트업이란 무엇일까? 스타트업, 혹은 벤처에 대한 정의를 검색해볼 수도 있지만, 정의만으로는 쉽게 이해하기 힘들다. 오히려 기성세대가 익숙한 제조업 중심의 대기업과 비교해보는 것이 스타트업의 특성을 이해하는 데 더욱 도움이 된다.

스타트업은 소프트웨어, 인터넷 서비스, 게임, 모바일 서비스 등과 같은 기존과 다른 사업 영역을 다루고, 회사의 규모도 대기업에 비해 상대적으로 작으며, 혁신의 방식도 상당히 다르다. 무엇보다 특징적인 점은 성공적인 스타트업일 경우 매우 빠른 속도로 성장한다는 것이다.

즉, 스타트업은 제조업 중심의 대기업과 다르며, 대기업의 대체재가 아니고, 스타트업이 잘할 수 있는 분야가, 즉 적합한 분야가 있다는 의미다.

스타트업은 토지, 노동, 자본이 아니다 ▼

생산의 3요소를 검색하면, '토지, 노동, 자본'이라고 나온다. 필자가 보기에 좀 더 정확한 표현은 생산의 3요소가 아니라 '제조업 생산의 3요소'다.

제조업 중심의 경제 시스템에서는 토지, 노동, 자본이 모두 있어야만 사업을 제대로 시작하고 지속할 수 있었다. 공장을 세울 넓은 토지가 있어야만 하고, 공장을 돌릴 노동력이 필요하며, 노동자들의 주거지가 근처에 있어야 하고, 토지와 공장, 노동력, 원재료와 마케팅 등을 위한 자본이 필요했다. 그래서 제조업 중심의 대기업에서는 회사나 공장의 위치가 어디인지, 그 회사의 임직원 규모는 얼마인지, 그 회사의 자본금이 얼마인지 등을 중요하게 여긴다.

스타트업은 사람과 돈만 있으면 시작이 가능하고, 멋진 스타트업으로 성장하는 것도 가능하다. 심지어 창업자가 본인의 아이디어 일부를 구현할 때 돈조차도 필요 없을 수 있다. 즉, 제조업 중심의 대기업과 스타트업의 가장 큰 차이는 생산을 위한 요소가 다르다는 것이다. 스타트업은 전통적인 생산의 3요소인 토지, 노동, 자본에 크게 구애를 받지 않는다.

토지

대부분 스타트업은 공장이 없으며, 심지어 일정한 사무실이 없는 경우도 있다. 최근에는 인터넷과 모바일로 인한 상호 연결성이 높아져 이런 경향이 더욱 뚜렷해졌다. 제조가 필요하더라도 아웃소싱을 하며, 심지어 중국이나 동남아 등으로 값싼 공장을 찾아 아웃소싱을 할 수도 있다.

하지만 출근하지 않고 집에서 일하는 스타트업 창업자나 종사자들을 걱정스러운 눈빛으로 바라보는 부모가 많다. 출근할 사무실이 없다는 사실만으로 자식이 '실업자나 다름없다'고 걱정하는 경우도 있다. 본인의 경험과 전혀 다른 스타트업의 특성을 이해하지 못하기 때문이다.

노동

스타트업의 사람은 대기업의 노동(labor)과 다르다. 스타트업의 사람은 '아이디어', '지식', '역량'을 뜻한다. 인재 혹은 피터 드러커가 말한 지식근로자(knowledge worker)라는 단어가 적절한 표현이다.

대기업의 노동이 스타트업의 사람과 가장 다른 점은 '대체 가능하다'는 것이다. 공장에서 일하던 노동자 한 명이 그만두더라도 공장 가동에는 큰 무리가 없고, 최종 생산물도 달라지지 않는다. 하지만 스타트업의 사람은 자신만의 역할과 특성을 지닌 경우가 많다. 스타트업에서 한 사람의 엔지니어, 한 사람의 디자이너, 한 사람의 경영자를 대체하는 것은 쉽지 않고, 사람이 바뀌는 순간 최종 산출물에도 큰 변화가 생긴다.

자본

제조업 중심인 대기업의 경우, 사업 초기부터 큰 자본이 필요하다. 토지와 설비를 사고, 공장을 짓고, 공장 가동에 필요한 노동력이 일시에 필요하다. 재고를 관리하며, 대규모 광고 등으로 물건을 판매해야 한다. 초기에 유형 자산을 사거나 만드는 데 자본이 크게 필요하며, 브랜드와 같은 무형 자산은 일정한 시간이 지나야 쌓이기 시작한다.

스타트업은 공장이 없고 유형의 제품을 만들지 않는 사업이 다수이기에, 또한 초기 비용 대부분이 인건비 성격이기 때문에 초기부터 큰 자본이 필요하지는 않다. 유형의 자산을 사는 것보다 팀의 지식과 경험을 쌓는 데 비용을 사용하며, 심지어 초기에는 매출 및 수익과 관련 없는 서비스의 사용성을 높이는 것에만 집중하기도 한다. 매출과 수익 창출이 사업의 후반기로 밀리기도 하는 것이다.

이런 이유로, 대기업과 스타트업에 자금을 제공하는 업체들의 특성도 상당히 다르다. 은행 같은 곳이, 토지 등을 담보로 안정적 이익을 기대하며, 대기업에 큰 규모의 자금을 빌려준다. 벤처캐피털(venture capital) 같은 곳이, 담보가 없는 높은 위험에도 높은 수익을 기대하며, 스타트업에 작은 규모의 자금을 투자한다.

스타트업에서 토지는 필요 없고, 사람은 대기업의 노동과 다르며, 필요한 자본의 규모는 작고, 자금을 제공하는 업체들의 특성도 다르다. 스타트업에서 생산의 요소는 토지, 노동, 자본이 아니라 사람, 자금 2가지뿐이다. 즉, 스타트업은 사람과 자금을 기반으로 하는 사업이며, 이것은 이 책의 목차이기도 하다.

스타트업은 시행착오의 과정이다 ▼

스타트업과 제조업 중심의 대기업은 혁신을 하는 방식 또한 다르다.

제조업 중심의 대기업은 대개 기존 사업의 연속선상에서 혁신을 만들어낸다. 즉, 기존 사업에서 생기는 매출에 리스크를 크게 주지 않은 선에서 혁신이 진행되는 경향이 있다. 큰 자본을 투입했기 때문에, 즉 잃을 것이 많기 때문에 기존 사업의 유지가 우선인 것은 당연하다.

리스크를 줄이면서 기존 사업을 활용한 새로운 기회를 찾는 것을 혁신으로 여기기 때문에 경험과 연륜, 명확한 업무 분장, 기업 경영의 체계, 리스크 관리, 운영 과정의 체계화 등이 중요하다. 이에 따라서 조직 규모가 커지고, 구성원들 사이의 상호 작용의 빈도나 밀도가 떨어지며, 커뮤니케이션과 의사 결정의 속도 저하를 겪는다.

스타트업은 생존 자체가 혁신의 과정이다. 무(無)에서 시작하기 때문에 잃을 것에 대한 두려움도 상대적으로 작다. 창업자의 역량과 지식 이상이 요구되기 때문에 필연적으로 시행착오를 겪게 되고, 그 과정에서 기존과는 다른 새로운 혁신이 싹튼다. 소수의 사람들이 '열정', '몰입' 그리고 '될 것이라고 믿는 자세(can-do attitude)'를 가지고, 주당 수십 시간씩 집중하는 것이 스타트업 혁신의 원천이다.

대기업은 큰 조직으로 기존의 레거시, 즉 전통과 자산을 보호하거나 활용하고, 주당 40시간으로 표현되는 일과 삶의 균형을 추구하면서, 경험과 연륜 등을 통해 혁신을 한다.

스타트업 혁신은 시행착오의 과정으로, 소수가 팀으로 누가 시키지도 않음에도 주당 100시간씩 일하는 열정과 몰입 등을 통해서 이뤄진다. 대기업과는 전혀 다른 형태의 혁신이다.

스타트업은 자영업이 아니다 ▼

자영업의 사전적 정의는 '자신이 직접 경영하는 사업'이다. 하지만 일반적으로 '자영업'이라는 단어가 주는 느낌은 자신, 가족 및 소수 종업원이 생계 유지를 목적으로 영위하는 사업에 가깝다.

자영업도 큰 자금이 필요하지는 않고, 실패 가능성이 높은 것처럼 느껴지며, 여러 시행착오를 겪는 과정이고, 성공한다면 단순한 생계 유지 이상의 금전적 이익을 얻을 수도 있다. 그렇기에 자영업이 스타트업처럼 보일 수도 있다.

창업이라는 단어를, 자영업에도 스타트업에도 사용하고 있는 현실적인 이유로, 스타트업과 자영업을 혼동하는 경우가 흔하다.

자영업과 스타트업의 가장 큰 차이 중 하나는, 성장 가능성이다. 스타트업은 현재 규모가 작아도 크게 성장할 가능성이 있어야만 하며, 성장했을 때 규모 또한 커야만 한다.

예를 들어, 부부가 동네 치킨집을 소수의 종업원과 함께 운영할 수 있다. 전형적인 자영업이다. 하지만 그런 치킨집을 수십 개 혹은 수백 개 이상 낼 수 있는 가능성이 있다면, 그리고 치킨집을 내는 속도가 남다르다면, 기존 치킨집들과는 다르게 고객의 새로운 니즈를 만족시켰고 사업 확장을 위한 노하우가 있을 가능성이 있기에 이미 스타트업이다.

소프트웨어, 인터넷 혹은 모바일 서비스에서 스타트업이 많은 것도 이런 연유 때문이다. 해당 영역의 기본 특성으로 인해 초기에 제대로 자리를 잡으면 크고 빠르게 성장할 가능성이 있다. 심지어 글로벌하게 성장할 수도 있지 않은가.

물론 해당 영역에서도 성장의 한계가 분명한 자영업과 같은 속성의 사업이 존재하기 때문에 사업의 영역만으로 스타트업을 규정할 수는 없다.

스타트업에 적합한 사업이 있다 ▼

스타트업의 특성이 있기 때문에 스타트업에 적합한 사업이 있을 수밖에 없다. 해당 사업의 특성을 나열하는 것은 쉽지 않기에 스타트업의 한 형태인 린스타트업(lean startup)에 대한 간략한 설명으로 이해의 폭을 넓혀보자.

현대 경영학에서는 지난 수십 년간 경영 시스템을 Plan-Do-See라는 과정으로 설명했다. 계획(plan)하고, 실행(do)하고, 실행의 결과를 측정하고 학습(see)하는 것을 반복함으로써 기업이 발전하고 사업이 성장한다고 본다.

인터넷, 모바일, 빅데이터 등과 같은 기술 발달로 인해 실행 자체와 실행의 결과를 측정하고 분석하는 속도가 눈부시게 발전하면서, 에릭 리스(Eric Ries, 1979~)가 2011년 동명의 책에서 주창한 린스타트업이 등장했다.

계획(plan)의 시간과 노력을 줄이고, Do-See의 사이클을 매우 빠르고 많이 실행하는 것이 린스타트업의 핵심이다.

예를 들어 보자. TV 광고의 경우, 어떤 광고를 어떻게 만들어야 하는가와 같은 계획도 고민이지만, 광고 제작비도 만만치 않으며, 광고 송출에도 많은 비용이 든다. 공중파라면 비용이 더욱 든다. 광고 효과를 측정하는 것에도 비용이 많이 들며, 심지어 측정 자체가 불가능한 경우도 있다.

린스타트업이 모바일 광고를 하는 경우, 해당 팀은 여러 광고 아이디어에 대한 논쟁을 하지 않는다. 그 대신, 여러 개의 광고를 만들고, 이 광고들을 약간씩만 송출한다. 광고의 효과는 실시간으로 측정되며, 효과가 없는 광고 송출은 즉각적으로 막고, 효과적인 광고는 더집행한다. 계획보다 실행과 측정을 빠르게 많이 한다.

또 다른 극단적인 예를 상상해보자. 비행기의 경우, 비행기를 만드는 것도 대단히 복잡한 사업이지만, 비행기가 제대로 만들어졌는지 실험하는 것에도 비용이 많이 들 것이다. 실전 실험에서 비행기가 추락한다면, 얼마의 비용이 날라가는 것이겠나. 하지만 드론의 경우, 실전 실험에서 드론이 추락하더라도, 그래서 극단적으로모든 부품을 쓸 수 없게 되더라도, 그 비용은 비행기에 비하면 매우경미할 것이다.

모든 스타트업이 린스타트업은 아니며, 린스타트업은 특정 영역에서 스타트업 특성을 극단적으로 보여준다고 이해하는 것이 타당하다. 린스타트업과 제조업 중심의 대기업을 양 극단에 놓는다면, 그 사이에는 많은 스펙트럼이 존재할 수 있으며, 스타트업은 린스타트업에 더 가까운 특성을 많이 가지고 있을 뿐이다.

린스타트업의 특성을 온전히 가지고 있지 않더라도, 사람과 자금이 중심이고, 몰입을 통한 빠른 시행착오를 겪으면서 무형의 자산을 쌓아가는 것이 유의미하며, 언젠가 큰 시장에서 성공할 가능성을 가지고 **빠르게** 성장 가능한 사업. 그런 사업이 스타트업에 적합한 사업이다.

3가지 역설적 진실

스타트업은 소수다. 특히 초기 스타트업으로 한정한다면, 전체 경제 생태계에서 차지하는 비중이 크지 않다. 스타트업 창업자들뿐 아니라 스타트업에서 일하는 사람들과 스타트업 생태계 관계자들을 모두 포함하더라도, 대기업, 중견기업, 자영업 등과 비교해보면 절대적으로 숫자가 적다.

그렇기에 다수가 믿는 상식이 스타트업에는 통하지 않는 경우가 많다. 독자들이 이 책의 내용에 익숙하지 않을 수도 있다. 이런 이유로 비상식적으로 느껴지는 것을 우선 강조해본다.

스타트업의 역설적 진실

스타트업에 친숙하지 않은 사람들에게, 아래 3개 문장은 쉽게 와닿지 않을 수 있고, 심지어 상식적으로 이해되지 않을 수도 있다.

1. 스타트업의 성공은 비정형적이다.
2. 스타트업의 평균은 실패다.
3. 스타트업 창업자는 오늘을 살아야 한다.

스타트업 생태계에 종사하는 많은 사람도 앞의 명제들을 제대로 이해하지 못하거나, 알고 있어도 자주 망각한다. 이 명제들이 직관에 반하기 때문이다. 그래서 앞의 명제들을 역설적 진실이라 부를 수 있다. 반직관적이고 비상식적인 것처럼 느낄 수 있지만, 스타트업 생태계를 제대로 경험한 전문가들에게 이 명제들은 진실이기 때문이다.

따라서 이 책을 읽는 동안 독자들은 이 역설적 진실을 종종 상기해주면 좋겠다. 그래야만 이 책이 쉽게 읽히고 제대로 이해되기 때문이다. 그럼 지금부터 이 세 가지 명제에 대해서 하나씩 자세히 알아보자.

스타트업의 성공은 비정형적이다 ▼

많은 창업자는 스타트업 성공 비법을 궁금해하며, 성공을 위한 마법의 레시피를 찾아 헤매기도 한다. 창업자뿐 아니라 다수 사람이 성공한 스타트업의 공통점을, 스타트업 성공의 과정을 궁금해한다. 많은 사람이 스타트업 성공 방정식이 존재한다고 믿고, 알고 싶어한다.

이런 경향은 우리나라 사람들에게 유독 강한 듯한데, 이는 어쩌면 우리가 정답을 찾는 교육을 너무 많이 받았기 때문일지도 모른다. 세상에는 정답이 없는, 혹은 열린 토론과 서로의 다름을 인정해야 하는 경우가 많은데, 우리는 그럴 때조차 은연중에 정답이 있을 것이라고 믿는 경향이 생겼을지 모른다.

필자가 지난 20년 동안 스타트업과 관련된 경험을 돌아보고 단언하건대, 스타트업 성공 방법에는 정답이 없다. 스타트업 성공을 정형화할 수 없다.

성공한 스타트업들을 조사해서 성공의 이유를 발견할 수는 있다. 하지만 그것은 사후적 해석일 뿐이며, 사업마다 스타트업마다 특성이 다르기 때문에 발견한 점을 특정 스타트업에 적용하는 것은 쉽지 않다.

초창기 네오위즈가 왜 성공했는지, 혹은 우아한형제들이 왜 성공했는지 분석할 수는 있다. 창업자 팀의 역량, 사업을 시작한 시기, 고객 이해, 브랜딩과 홍보, 치열한 실행 등과 같은 다양한 측면으로 해석할 수 있다. 그러나 이것들은 다른 스타트업들에게는 단순한 참고 사항일 뿐이다.

억지로 네오위즈와 우아한형제들의 공통 사항을 찾아도, "착하게 살자", "교과서로 공부했어요", "운이 따랐어요" 수준으로 지극히 당연한 사실을 나열할 가능성이 높다. 성공에 이르는 과정은 그만큼 비정형적인 것이다.

스타트업 성공이 비정형적이라는 의미는, 모든 스타트업은 저마다 개별 스토리를 갖는다는 의미이기도 하다. 즉, 저마다의 방식으로 성공한다는 의미다.

가족이나 주변 지인들이 "너는 학벌도, 돈도, 인맥도 없잖아. 실패할 거니까 창업하지 마라"라고 기를 죽이더라도, 정말 원한다면 자신만의 스토리를 만들어가는 것이 중요하다. 오히려 지금까지 보지 못했던 경우일수록 더욱 큰 성공을 거둘 수도 있다. 비슷한 맥락에서 어떤 스타트업이 성공한 스타트업들과 비슷한 점이 많다고 해서 성공할 가능성이 높다고도 말할 수 없다.

역량과 경험 있는 투자자들은 정형화된 틀로 스타트업을 해석하지 않는다. 스타트업을 정답지에 맞춰 채점하는 것이 아니라, 스타트업의 개별 스토리를 열심히 경청한다. 틀에 박힌 판단 기준보다, 개별 케이스의 다양한 면을 모두 고려하여 투자를 결정한다.

그렇기 때문에, 필자는 "사업은 남들이 된다고 되는 것도 아니고, 남들이 안 된다고 안 되는 것도 아니다"라는 말을 자주 되뇐다.

동일한 이유로, 창업자들을 포함한 누구라도 멘토링, 조언 등을 받을 때 주의해야 한다.

선배들의 조언을 듣거나 경험 많은 멘토에게 멘토링을 받는 것은 타인의 성공과 실패를 간접 체험할 수 있다는 장점이 있다. 하지만 반드시 '저 사람이 왜 저런 이야기를 할까?'를 깊이 성찰해야 한다. 조언은 개인의 특정 경험일 수 있고, 조언자가 조언을 받는 사람의 자세한 상황을 제대로 모를 것이며, 무엇보다 성공 방식은 각자 다르기 때문이다.

따라서 조언을 받는 사람은 조언의 배경과 논리를 꼼꼼히 따져보고 자신의 상황에 비추어 취사선택해야 한다. 다른 사람의 이야기를 비판적으로 수용하지 않는다면, 조언이 오히려 독이 될 수 있다.

스타트업 성공에 관해서 "이렇게 하면 성공한다"라고 말하는 것은 "이러면 성공한 인생이다"라고 말하는 것처럼 느껴진다. 다수 대중은 남들과 비슷한 삶을 사는 것일 수 있지만, 스타트업은 소수의 삶이다. 각자의 삶을 살아야만 한다. 스타트업은 각자의 스토리로 성공하는 것이다.

스타트업의 평균은 실패다 ▼

우리는 가끔 스타트업 성공으로 큰 부자가 된 스토리를 뉴스로 접한다. 많은 사람이 스타트업은 위험하다고 생각하지만, 내가 하면 성공할 것이라고 믿는 사람도 많다. 혼재된 시각들이 존재하는데, 실은 대부분 스타트업은 실패하고 소수의 스타트업만 성공한다.

스타트업 성패의 비율을 쉽게 설명하기 위해 그림과 같은 정규분포로 표현해보자.

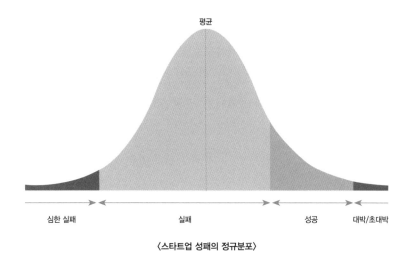

〈스타트업 성패의 정규분포〉

전문적인 초기 스타트업 투자자들은, 보통 투자금의 10배를, 즉 1억 원을 투자하면 10억 원 버는 것을 노린다. 이를 대박으로 부른다면, 투자한 10개 스타트업 중 2개 전후만 그렇게 된다. 성공한 스타트업의 숫자는 좀 더 많겠지만, 투자자의 선택을 받지 못하는 스타트업이 훨씬 많다.

수백 배의 수익을 거두는, 소위 말하는 초대박은 정말 드물다. 초대박은 보통 급격한 시대적 변화나 강한 운도 따라줘야 하기 때문에 투자자들도 자주 경험하지 못한다. 뉴스에 나오는 큰 부자로 소개되는 창업자들이 여기에 속한다.

평균은 실패다. 스타트업은 평균적으로 실패한다. 즉, 창업자들은 성공하겠다는 열정과 의지를 가짐과 동시에, 실패할 가능성이 높다는 점을 분명히 인식해야 한다.

낮은 가능성이지만, 다소 심한 실패가 있을 수 있다. 연대보증 조건의 자금 조달이나 창업자의 과욕으로 인해 경제적 혹은 심리적 재기가 힘들 정도로 실패하는 것이다. 연대보증 조건은 최근 없어지는 추세이나, 자금을 조달할 때 창업자가 꼭 확인해야 한다.

스타트업 평균이 실패라면, 도전하지 말아야 하는 것인가? 당연히 그렇지 않다.

한국 주요 대기업의 직원 대비 임원 비율은 대략 100대 1이다. 1명의 임원에 100명의 직원이 있다. 스타트업 성공 비율만큼이나 낮다. 돈을 번다는 관점에서는 어느 길을 가더라도 비슷할 수 있다. 대기업 임원이 되어 경제적 부를 이루는 것이나, 스타트업 성공으로 부를 이루는 것이나 비슷하다.

물론 초기 스타트업에서는 급여가 낮을 수 있고, 스타트업이 실패하면 다른 직장을 구해야 한다. 그럼에도 좋은 사람들과 함께 치열하게 협업하고 실행하는 과정을 통해서 역량과 경험을 빠르게 키울 수 있다. 적절한 스타트업에 속한 개인의 몸값은 대부분 빠르게 올라간다. 게다가 대기업도 이제는 평생 직장이 아니고, 스타트업 기본급 수준도 높아지고 있다. 즉, 스타트업 평균은 실패이나 스타트업에 속한 개인의 평균은 성공일 수 있다.

타인의 의견과 시선에 휘둘리지 않고, 본인의 길을 선택해도 된다. 매일 성장하고 있다는 느낌이 명확하다면, 실패하더라도 얻는 것이 분명히 있을 것이다. 우리는 각자 다른 삶을 사는 것이다.

전문적인 투자자들도 스타트업 평균은 실패라는 점을 명확히 인식하고 투자를 한다.

자신들만의 투자 원칙과 적절한 투자 포트폴리오로 운영되는 투자사의 경우, 다수의 투자가 실패해 손해를 보더라도, 소수의 투자가 실패로 인한 손해를 메우고도 추가적인 이익을 남겨준다. 결과적으로, 투자사를 매개로 해서 성공한 창업자가 실패한 창업자를 돕는 구조인 것이다.

따라서 창업자들은 투자사의 도움으로 실패에 대한 걱정보다는 큰 성공을 위해 도전할 수 있는 기회를 얻는다. 창업자들은 과감하게 스타트업 성장에만 집중하면서 그 과정에서 스스로도 성장할 수 있다.

스타트업 창업자는 오늘을 살아야 한다 ▼

스타트업은 보통 무에서 시작한다. 창업자가 직접 투자할 수도 있고 투자자의 투자금도 있지만, 대기업이나 중견기업처럼 기존의 자산이나 레거시가 있지는 않다. 어차피 무에서 시작한 것이므로, 실패하더라도 어느 정도의 시간과 돈, 그리고 쓰린 가슴의 상처를 제외하면 잃을 것이 별로 없다.

필자는 가진 자의 전략과 가지지 않은 자의 전략은 달라야 한다는 말을 종종 한다. 스타트업 창업자는 가지지 않은 자다. 가진 자인 대기업, 중견기업과는 달라야 한다. 다윗이 골리앗과 동일한 전략으로 싸운다면 곤란하다.

스타트업의 장점 중 하나는, 실패해도 잃을 것이 없다는 도전, 열정, 패기다. 그렇기에 스타트업 창업자는 내일을 대비하는 것보다 오늘에 집중해서 살아야 한다. 스타트업은 보통 실패하므로 더더욱 오늘을 살아야 한다.

한 창업자는 창업 전에 회사를 다니면서 몇 개월간 창업하려는 산업에 대한 리서치를 했으나, 막상 회사를 그만두고 풀타임으로 스타트업을 해보니 리서치 대부분이 쓸모없었다고 말했다. 창업 전의 고민과 실전은 많이 달랐고, 몰입해서 고민하니 더욱 많은 것이 보였던 것이다. 오늘에 집중하지 않고, 무언가 병행해서 스타트업을 하는 것은 오히려 비효율일 수 있다.

뒤에서 좀 더 구체적으로 설명하는데, 스타트업은 단계적 과정을 거쳐서 성공에 이르고, 그 성공 이상을 향해서 또 나아간다. 즉, 스타트업 성공의 여정을 돌이켜보면 서로 다른 몇 개의 단계로 구분되는 경우가 많다. 단계마다 이뤄야 했던 목표나 해결해야 했던 문제들도 다르고, 그 형태나 과정은 비정형적이다.

또한 특정 단계에서 그 단계에 해당하는 고민을 풀어야만 다음 단계로 넘어갈 수 있는 경우가 많다. 더구나 다음 단계에서 어떤 문제가 나타날지 예측하는 것도 힘들다.

스타트업 창업자는 자신이 속한 각 단계에 몰입해야 한다. 지금 주어진 문제를 해결하는 데 총력을 기울이는 것이 핵심이다. 한걸음, 한걸음 오늘 내가 할 일들을 해야 한다. 내일의 비전을 잊으면 곤란하겠지만, 그보다는 오늘을 살아야만 한다.

창업자는 항상 사업의 단기적·장기적 비전을 심사숙고해야 하나, 처음부터 거창한 비전을 만들기 위해서 시간과 노력을 쏟을 필요는 없다. 창업 1~2년만 지나도 창업 당시에는 상상할 수 없는 고민을 하는 경우가 더 많다.

스타트업 창업자는 오늘 나의 삶을 집중해서 살아가는 것이기도 하다.

．．．．

다시 한 번 강조하지만, 스타트업의 성공은 비정형적이고, 스타트업의 평균은 실패이며, 스타트업 창업자는 오늘을 살아야만 한다. 이 책을 읽는 동안, 이 점들을 명심해주기를 당부한다.

네오위즈

카이스트에 1991년 입학한 장병규는, 2학년 전공 선택 시점에 재능 부족을 느껴 좋아하던 수학을 선택하지 못했고 차선으로 전산학과를 선택했다.

전산학과에도 출중한 프로그래밍 실력을 자랑하던 동기가 많았다. 이에 반해, 중고교 시절 프로그래밍 경험이 거의 없었던 그는 빨리 배우기 위해서 학내 컴퓨터 동아리에 지원했다. 동기들과의 격차를 줄이기 위해서라도 열심히 동아리 생활을 했고, 학과 수업에서는 배우기 힘든 실질적인 노하우들을 하루하루 쌓아갔다.

학과 수업과 동아리 활동 등으로 바빴지만, 꾸준히 아르바이트를 했다. 카이스트생들의 주요 아르바이트는 과외였다. 그도 과외를 했지만, 프로그래밍과 관련한 아르바이트가 낫다고 판단해 곧 그만뒀다. 과외는 소득이 높았지만 배우는 것도 남는 것도 없는 시간 낭비처럼 보였기 때문이었다.

동아리 선후배들을 중심으로 주로 인근의 연구소와 기업 등에서 전산 관련 일감을 받아 처리했다. 시간이 흐를수록 난이도가 높은 일감을 접하고,

이를 도전적으로 해결하는 과정에서 프로그래머로서의 역량이 커졌고, 수입과 평판 또한 높아졌다.

특히 동아리 프로젝트이자 학내 아르바이트의 일환으로, 그가 주도하여 몇 명과 함께 개발한 수강 신청 시스템은 카이스트에서 실제 사용되었고, 특히 학생들에게 좋은 평가를 받아서 학내에서 꽤 유명한 프로그래머로 한 단계 성장했다.

학업과 동아리 활동, 그리고 아르바이트 등에 모두 충실했던 그는 어느덧 석사 과정을 밟게 되었다. 주로 연구실과 기숙사를 오가는 대학원 생활을 하던 그는, 1996년 가을 석사 논문 완성을 앞두고 적잖은 스트레스를 받고 있었다.

다른 학생들처럼 그도 박사 과정에 진학할 예정이었지만, 당시 연구 주제였던 자연어 처리 분야에 그다지 흥미를 느끼지 못하다보니 학문에 대한 회의와 진로에 대한 고민이 많았다.

••••

그날도 연구실에서 밤을 새운 피곤한 날이었다. 알고 지내던 선배가 기숙사를 향해 지친 걸음을 하던 장병규를 불렀다. "병규야, 후배들 모아서 개발팀 하나 꾸려줄 수 있니? 내가 사업을 하려는데…"

선배는 박사 졸업이 확정됐다며, 본인이 하려는 사업을 설명했다. 미국에서 어느 정도 검증된 모델이니 개발팀을 모아서 신속하게 벤치마킹을 하면 될 것 같다는 선배의 말에, 귀가 솔깃했다. 프로그래밍 아르바이트로 단련된 자신감도 있었고, 퀴퀴한 연구실을 벗어날 수 있는 기회처럼 보였다.

모처럼 설레는 마음으로 개발팀에 누가 적당할지 상상의 나래를 펼쳐봤다. 고민을 거듭했지만, 결국 후보자는 두어 명으로 좁아졌다. 창업이 흔하지 않았기에 학업에 영향을 주면서까지 창업에 뛰어들 후보는 많지 않았다.

최종 영입 1순위 후보는 대구과학고와 카이스트 전산과 1년 후배인 신승우였다. 카이스트 수강 신청 시스템을 업그레이드하는 아르바이트도 함께 진행해서 이미 손발도 맞춰본 사이였다.

고교 시절 전국 PC 경진 대회 고등부 금상을 수상했던 그는, 한 차례 학사 경고를 받는 등 학업이 전부인 학생은 아니었다. 당시에도 학교 근처 모기업에서 전산 아르바이트를 하고 있었다. '카이스트 학부 졸업은 곧 대학원 진학'이라는 선입관에 늘 불만이었던 그는, 평소 신뢰하던 장병규 선배의 제안을 흔쾌히 받아들였다.

신승우가 동참을 선언하자 의외로 팀 구성에 가속도가 붙었다. 다음은 신승우의 동기 박마빈. 당시에 그도 아르바이트 삼매경에 빠져 모 업체가 의뢰한 웹 브라우저를 만들고 있었는데, 어느 날 신승우와 함께 기숙사에서 카드놀이를 하다가 창업 얘기를 듣고 엉겁결에 참여를 결정했다.

훗날, 힘들 때마다 "그때 카드놀이를 안 했어야 했는데!"라며 장난 섞인 후회를 하곤 했다.

그다음은 더 자연스러웠다. 박마빈의 기숙사 룸메이트인 92학번 이상규. 박마빈의 이야기를 듣고 본인도 동참하고 싶다며, 장병규를 소개받아 결국 참여했다.

　과학고등학교 출신의 비율이 높았던 카이스트에서, 이상규는 보기 드문 일반고 출신에, 게다가 삼수생으로, 장병규보다 나이가 더 많았다. "전국 PC 경진 대회에서 고등부 1등인 국무총리상을 받을 정도였지만, 한창 신나게 놀 나이에 지방에 있는 카이스트에 가고 싶지 않았다. 삼수 끝에 부모님이 반 강제로 원서를 제출해서 입학했다"는 이상규는 카이스트의 아웃사이더였고, 창업은 솔깃함을 넘어 매력적인 기회였다.

　개발팀을 책임진 장병규는 신승우, 박마빈, 이상규, 그리고 본인 등 네 명 정도면, 어떤 과제가 주어져도 어렵지 않게 해결할 수 있을 것 같았다.

· · · ·

　팀은 꾸렸지만 사무실을 마련할 처지는 아니어서, 연구실 옆 창고 공간에 둥지를 틀었다. 책상 몇 개 가져다 놓고 서로 어깨를 맞대고 개발을 시작했다.

　선배가 제안했던 것은 당시 미국에서 유행하던 포인트캐스트(PointCast) 서비스를 벤치마킹한 라이브캐스트(LiveCast)라고 명명된 서비스였다. 일종의 화면 보호기(screen saver)인 라이브캐스트가 뉴스, 광고 등을 PC 화면에 노출해주는 서비스였다. 팀의 개발 능력은 출중했기에 개발은 순조로웠다.

　이즈음에 또 다른 아웃사이더가 합류했다. 93학번인 박진석은, 고교 시절 국제정보올림피아드 대회에서 한국 대표로 동메달을 획득한 인재였으나, 학교 수업보다는 록 밴드 활동과 다양한 아르바이트에 몰입하던 '학부 5학년 천재'였다.

아르바이트 현장에서 장병규와 신승우를 만난 적이 있었던 그는 일하던 곳에서 나오려던 참이었고, 마침 그 소식을 들은 장병규가 "인터넷을 마음 대로 쓸 수 있는 창고가 있으니 PC 가지고 와서 놀아도 돼"라며 초대한 것 을 계기로, 팀의 막내로 합류했다.

순조롭게만 보이던 창업 준비가 장애물을 만난 것은 얼마 지나지 않아서 였다. 선배가 챙기고 있던 사업을 위한 몇 가지 요건들, 즉 법인 설립, 언론 사 등 사업 파트너들과의 전략적 제휴, 개발 및 운영을 위한 초기 자금 유치 등의 진척이 매우 미진했다.

개발은 순조로운데 사업화를 위한 준비는 극히 부진한 상황. 이런 분위 기를 개발팀도 느끼지 못할 리 없었고, 의욕적으로 팀을 모은 장병규도 불 안해질 수밖에 없었다.

· · · ·

나성균이 장병규에게 연락한 것은 바로 그때쯤이었다. 서울대 경영학과 를 졸업한 나성균은 카이스트에서 경영학 석박사 과정 중이었는데, 장병규 와는 과거 다른 일로 안면이 있었다.

모 게임 회사에서 신규 사업을 추진하다가 그만두었다는 나성균은, 카이 스트의 우수한 개발자들로 구성된 회사를 함께 설립하고 싶다고 제안했다. 서로의 비전과 현실적인 이해관계가 어느 정도 일치함을 느낀 두 사람은, 라이브캐스트를 제안했던 선배와 논의해 1997년 5월 자본금 1억 원의 네 오위즈를 함께 설립했다.

　개발팀 총 5명은 이미 구성된 상태였고, 경영팀으로는 나성균을 포함해 3명이 합류할 예정이었다. 최초, 나성균 책임하의 경영팀과 장병규 책임하의 개발팀이 동일한 비중의 지분을 가졌고, 선배가 캐스팅보트(casting vote) 성격으로 약간의 지분을 갖는 구조였다.

　다소 독특해 보이는 지분 구조와 의사 결정 방식은 나성균과 장병규가 충분히 대화하여 결정했다. 네오위즈의 성공에 경영과 개발이 모두 중요하며, 나성균, 장병규 두 사람의 책임하에, 경영팀과 개발팀이 함께 최선을 다하자는 뜻이었다.

　또한 경영팀과 개발팀의 첨예한 의견 충돌이 있을 경우, 캐스팅보트에 의지해서라도 반드시 결정하고 따르자는 취지였다. 실제 생각과 의견 차이가 빈번했지만, 캐스팅보트까지 가지 않기 위해서라도 무한 토론 등을 통해 최선의 결정을 도출하려는 '생산적 충돌'로 이어졌다. 캐스팅보트가 존재했기에 역설적으로 캐스팅보트가 필요 없었다.

····

　창업 자본금은 1억 원. 그나마도 임대 보증금 등에 묶인 것을 제외하면 운영 자금은 절대 부족했다. 라이브캐스트 서비스를 본격적으로 시작하기에는 많이 부족한 자금이었다.

　벤처캐피털 같은 외부 투자는 거의 없던 시절이라 필요한 연구개발(R&D)과 자금 조달을 위해서 정부 과제나 외주 용역은 필수였다. 개발 중이었던 라이브캐스트의 기술력을 바탕으로, 경영팀은 공시되는 정부 과제나 대기업 혹은 중견기업에서 발주하는 외주 개발을 수주하는 데 노력했다.

경영팀이 발로 뛰며 수주한 정부 과제와 외주 용역을 누구보다 많이 수행한 사람은 신승우였고, 개발팀이 정부 과제, 외주 용역 등에 매몰되지 않고 라이브캐스트의 핵심에 집중할 수 있도록, 장병규는 경영팀과 개발팀을 조율했다.

실력 있는 개발팀이고 각자 월급을 100만 원도 가져가지 않았기에 순이익 규모가 괜찮은 편이었다. 추후에는 선 투자가 필요했던 원클릭 사업의 초기 자금이 되었다.

안정적인 대기업에 근무하던 윤상규는 나성균과의 인연으로 창업에 동참했다. 낮에는 직장에서 일하고, 밤과 주말에는 네오위즈를 도왔다. 정부과제나 외주 용역의 수많은 보고서 작성뿐 아니라, 무엇보다 빠듯한 살림을 운영하는 것이 그의 주된 역할과 책임이었다.

어음 결제가 대부분이었던 당시, 어떤 거래처는 6개월, 심지어 1년짜리 어음을 줬다. 어려운 사정을 읍소하거나 추가적 기술 지원을 수행하여, 단기 어음으로 조건을 개선하거나 눈물을 머금고 어음을 할인해서 현금으로 바꾸기도 했다. 추후 원클릭의 성공으로 현금 흐름이 안정되기 전까지, 이런 궂은 일은 윤상규의 몫이었다.

핵심 기술 개발과 자금 확보를 병행하는 과정에서 벤치마킹했던 포인트캐스트가 여러 이유로 미국 시장에서 몰락하기 시작했다. 이는 라이브캐스트의 미래 또한 불안할 수 있다는 부정적 신호였다.

••••

고민이 새로운 고민을 낳던 어느 날, 나성균은 부친이 라이브캐스트를 해보려고 인터넷에 접속하려다가 어려움을 겪는 현장을 목격한다. 무심코 지나칠 수도 있었지만, 사업 아이템 발굴에 목말라 있던 그는 '아, 이거다!' 싶었다.

컴퓨터만 켜면 인터넷을 할 수 있는 현재와 달리, 당시에는 통신 업체에 별도로 등록하고, PC에 관련 소프트웨어를 설치해 뭔가 설정해야 했으며, 전화 모뎀을 통한 복잡한 접속 과정을 거쳐야만 인터넷이 가능했다. 초보자들에게는 큰 걸림돌이었다.

인터넷 접속이 인터넷의 시작임에도, 접속 과정을 혁신하는 시도는 거의 없었다. '초보자도 쉽게 느낄 정도로 인터넷 접속 과정이 단순하고, 별도 가입 없이 사용한 만큼만 지불하는 서비스'. 대한민국 인터넷 성장기에 한 획을 장식한 '원클릭'의 태동이었다.

원클릭 아이디어가 처음부터 내부 구성원들에게 호응을 받은 것은 아니었다. 그들은 소수의 혜택을 받은 인터넷 사용자였기 때문이었다. 카이스트만큼 인터넷 인프라가 잘 갖춰진 곳은 드물었고, 사무실도 인터넷만은 제대로 투자했다. 그 때문에 일반 가정이나 소규모 사무실 등에서 정말 해당 수요가 존재하는지를 쉽게 공감하기 힘들었다.

좀 더 현실적인 이유도 있었다. 가용한 개발자는 네다섯 명. 그들 다수는 라이브캐스트 관련 개발이나, 각종 정부 과제와 외주 용역에 손발이 묶여 있었다.

다행스럽게 박진석에게 중요한 업무가 때마침 없었고, 나성균이 말한 개념을 토대로 프로토타입을 구현해보기로 했다. 복잡한 인터넷 접속 과정을 자동으로 수행하는 기능을, 놀랍게도 박진석은 단 하룻밤에 만들었다. 장난기가 담긴 19금 디자인의 테스트 프로그램을 보고 한바탕 웃음바다가 됐고, '백문이 불여일견'이라고 처음에는 부정적이었던 내부 구성원들도 어느 정도 마음을 열기 시작했다.

••••

1998년 4월, 원클릭의 공식 상용 버전이 출시되었다. 처음에 한 명, 두 명으로 시작한 동시 접속자 수가 열 명, 수십 명까지 늘어나는 기간이 너무 더디게 느껴졌다. 지속적으로 증가하는 추세였지만 성공을 예단할 정도는 아니었기에 정부 과제와 외주 용역, 라이브캐스트와 원클릭 개발 등으로 모든 구성원이 정신없이 치열하게 일했다.

사무실에서 먹고 자는 멤버도 있었고 출퇴근이라는 단어도 무의미했다. 엘리베이터가 없는 5층 건물의 5층 사무실. 담배를 필 수 있는 작은 베란다. 오르락내리락이 힘들고 귀찮아서 대부분 식사도 배달로 해결했다. 업무량이 어마어마하다보니, 주 100시간 이상 PC 앞에 있는 경우가 허다했다.

밤을 새워가면서 개발하다가 의자에서 잠깐 눈을 붙이고, 그래도 힘들면 사무실 구석의 서버실에 들어가서 칼잠을 잤다. 좁은 서버실에 많게는 6명까지 들어갔는데, 맨 마지막으로 들어간 사람은 벗어놓은 신발 바로 옆에서 잠을 청해야 했다. 추후 사무실 바로 옆의 원룸을 빌려 기숙사로 만들었지만, 서버실보다 좀 더 편하게 잘 수 있을 뿐이지, 치열한 업무, 배달 음식 등

생활은 동일했다.

특히 박마빈은 1주일 동안 사무실에서 한 번도 나가지 않기도 했는데, 특유의 꼼꼼한 성격으로 원클릭을 위한 독특한 소프트웨어를 개발했다.

원클릭에 연관된 인터넷 접속 구성 요소 기준으로, 윈도우95, 윈도우98, 윈도우NT 등의 단순한 구분은 무의미했고, 실질적으로는 윈도우가 20여 종 이상이었다. 박마빈이 개발한 소프트웨어는 모든 윈도우 버전에서 원클릭이 구동되도록 자동으로 환경을 설정해주는 도구로, 어떤 경쟁 제품보다 원클릭이 안정적으로 작동하게 했다.

이런 기술력 기반의 높은 사용성 때문에 제휴를 위해 만난 파트너 측에게 "시연 자리에서 에러가 안 나고 처음부터 끝까지 무사히 마친 것은 네오위즈가 처음이다"라는 찬사도 들었다.

* * * *

치열했던 어느 날, 원클릭의 지속적인 성장을 자축하는 회식을 했다. 정말 오랜만의 회식이었으나 회포도 제대로 풀지 못하고, 긴급 호출에 몇몇이 급히 사무실로 복귀했다. 원클릭 동시 접속자 수가 128명에서 정지되어 움직이지 않는다는 연락이었다.

서둘러 원인을 분석해보니 서버 쪽에 "설마 128명이나 되겠어"라는 설명 문구와 함께 최대 숫자를 설정하는 데 문제가 있었다. 설정을 간단히 수정하자 동시 접속자 지표가 다시 올라가기 시작했다.

예상치를 낮게 잡은 것은 문제였지만, '뭔가 되고 있구나. 사용자들이 우리 서비스를 예상보다 훨씬 많이 써주기 시작했다'는 것을 느낀 상징적인 사건이었다.

정부 과제나 외부 용역 이외의 자체 사업으로 돈을 번 것은 원클릭이 처음이었다. 심지어 생각보다 수입이 많았다. 원클릭의 첫 달 매출은 400만원 수준이었지만, 매달 평균 1,000만 원씩 늘어나더니 얼마 지나지 않아서매달 200%에 육박하는 초고속 성장을 보였다.

••••

성장하면서 의견 충돌이 많아졌다. 무엇보다 경영팀과 개발팀 사이의 의견 충돌이 잦았다. 다수의 논의는, 경영팀이 "사업상, 영업상 이런저런 기능이 필요하니 개발팀이 빨리 만들어달라"고 말하면, 개발팀이 "그런 것이 왜필요하냐? 그렇지 않아도 바쁘다"고 반박하는 것이었다.

수시간의 마라톤 회의도 마다하지 않았고, 밤늦게까지 격론을 벌인 적도많았다. 결론이 나면 다들 최선을 다해서 따랐다. 상호 믿음과 생산적 의견충돌은 자연스러웠다.

그럼에도 토론은 소모적일 경우가 있었고, 보다 합리적인 결정을 위해서 데이터에 집중했다. 상호 이견도 객관적인 판단 자료가 부족하기 때문이라고 인식해 필요한 데이터를 기록하고, 이를 분석해서 판단하려고 노력했다.

예를 들어, 잡지 광고를 집행할 때도 데이터 분석에 기반을 뒀다. 300만원을 주고 잡지 A에 광고를 할 것이냐, 그 반값인 150만 원을 제안한 잡지B에 광고를 할 것이냐는 고민이었다.

난상토론 끝에, 첫 달은 두 군데 모두 집행하여 테스트를 해보기로 했다.

잡지를 통해 배포되는 원클릭 소프트웨어마다 고유한 배포 코드를 삽입해 해당 잡지를 통해 유입된 사용자를 추산하는 테스트였다. 다음 달 300만 원을 집행한 잡지 A를 통해 유입된 사용자의 총 매출이 300만 원을 상회했고, 잡지 B는 150만 원에도 못 미쳤다.

이후 잡지사와의 광고 단가 협상에 해당 분석을 적극 활용하기 시작했고, 어떤 경쟁사보다 적정한 가격으로 광고를 집행할 수 있었다. 격론은 더 이상 필요 없었다.

전반적으로 '좋은 의견이 나오고 대다수 동의하면, 웬만한 시도는 일단 해보고 데이터를 분석해본다'는 공감대가 팀 전체에 형성되기 시작했고, 이런 합리적 노력들이 누적되면서 어느새 원클릭은 훌쩍 성장하고 있었다.

• • • •

원클릭 성공으로 채용이 급격히 증가하면서 처음으로 사무실을 이전했다. 인테리어를 했을 뿐 아니라 광활한 공간이었다. 또한 급성장 중인 원클릭 서비스의 고도화를 위해 사무실 내 전용 서버실에 첨단 시설이었던 광케이블도 설치했다.

새로운 사무실에서 어느 날, 당직을 서던 남세동 인턴이 사무실 정전 소식을 이상규에게 급히 전했다. 서버 책임자인 이상규는 저녁 식사 중에 수저를 내던지고 사무실로 급히 내달렸다.

서초역 주변이 전부 정전됐는데, 한전 담당자는 정전의 진원지가 광케이블이 설치된 네오위즈 서버실이라고 했다. 전원을 차단하고, 고무장갑을 끼고, 한전 직원과 긴급 공사를 진행했다. 공사하는 와중에도, 시간당 수백만 원씩 손실이 발생 중이라고, 변압기를 빨리 교체해달라고 한전에 호소했다.

급한 조치를 마무리하고 한숨을 돌리는 중, 이상규는 엄청난 사실을 깨달았다. 같이 긴급 조치를 한 한전 직원은 기사가 아니라 담당 영업 직원이었으며, 고무장갑으로는 감전될 수 있었다는 사실이었다. 다행히 사고는 없었지만, 아찔한 순간이었다.

원클릭 서비스 초기, 이상규는 본인이 서버 장비를 책임지겠다고 자원했다. 서버 장비 가격은 상당히 고가였고, 원클릭의 모든 트래픽이 서버를 통해 오갔기 때문에 서버를 최적화하는 것은 고객 만족도 및 비용 효율화 측면에서 상당히 중요한 일이었다.

이상규 등의 치열한 노력 끝에 네오위즈의 서버 최적화는 업계 최고 수준으로, 유사한 경쟁 업체보다 압도적인 수익을 낼 수 있었다.

····

미국 어학연수를 막 마치고 귀국한 이기원은, 동창인 윤상규의 권유로 네오위즈에 합류했다. 친구 일을 잠시 돕는다고 시작했다가, 엉겁결에 영업과 홍보, 기획 등 필요한 업무를 닥치는 대로 맡게 됐다.

사회생활이나 직장 경험이 없었고, 특히 기술 용어나 개념이 약해서, 처음에는 모든 것이 낯설고 서툴렀다. 하지만 워낙 넉살 좋고 적극적이었기에 모르는 것은 개발자들에게 끊임없이 질문했고, 때로는 밤새 공부해서 부족한 부분을 채워갔다. 특히 수많은 외주 용역을 개발자들과 함께하면서 실질적인 지식과 경험도 쌓여갔다.

원클릭의 성장 이후에는, 특히 원클릭 파트너십에서 이기원이 눈부신 성과를 보여줬다.

원클릭 속성상, 원클릭을 고객에게 전달하는 비용이 상당했다. 원클릭을 설치할 수 있는 CD를 우편으로 고객에게 발송하는 것이 기본이었으나, 보다 효율적인 방안을 지속적으로 모색했다. 원클릭 파트너십은 그런 방안 중 하나였다. 서버 최적화와 규모의 경제 등으로 확보한 네오위즈 이익의 일부를, 원클릭을 배포해주는 파트너와 나누는 것이었다.

이기원은 통신사, 포털, 언론사, 매체사 등 파트너가 100여 개 이상이 될 때까지 꾸준히 원클릭 파트너십을 발전시켰고, 이는 원클릭 대성공의 핵심 바탕 중 하나였다.

••••

남세동은 사회 생활을 경험해보고자 카이스트를 휴학하고 네오위즈에 인턴으로 합류했다. 1년을 예정했지만, 원클릭 로그(log) 시스템을 업그레이드하는 6개월 정도의 업무가 끝나자 딱히 할 일이 없었다. 게다가 남은 기간에 할 수 있는 독립적인 개발 업무도 없었다.

어떤 일을 해도 괜찮다고 하기에 신승우 선배의 도움으로 독특한 서버 구조를 가진 웹 기반의 채팅 서비스를 만들기 시작했다.

처음에는 원클릭 채팅으로 명명된 해당 서비스가 훗날 세이클럽이 될 것이라고는, 독특한 비즈니스 모델을 전 세계 최초로 탄생시킬 것이라고는 누구도 상상하지 못했다. 개발과 서비스가 즐거웠을 뿐이었다.

START
UP

사람

- 나와 스타트업
- 공동 창업
- 조직으로의 성장

나와 스타트업

스타트업을 창업하는, 혹은 구성하는 사람들은 어떤 사람들일까? 괴짜? 천재? 실패자? 다른 업종에서 일하는 사람들과 비슷할까 다를까?

한국 사람들은 대부분 대기업, 중소기업, 자영업 등에 종사하고, 스타트업을 창업하거나 스타트업에서 일하는 사람은 적다. 그렇기에 스타트업에 대한 이해도 또한 낮은 듯하다.

필자는 스타트업을 창업하는 것이나 스타트업에서 일하는 것도 다양한 커리어 중하나라 생각한다. 이 사회에 대기업 직원, 연구원, 공무원, 연예인, 소상공인 등 다양한 커리어가 존재하듯이 스타트업도 그런 커리어 중의 하나로 생각한다. 물론 괴짜, 천재, 혹은 실패자가 다른 영역보다 많을 수도 있겠지만, 독특한 삶도 하나의 삶 아닌가.

창업자?

예비 창업자들의 질문 중 하나는 "과연 내가 스타트업으로 성공할수 있을까? 내가 스타트업에 적합할까?"라는 것이다.

자아 성찰이나 실무 경험이 적은 대학생들은 자신이 창업해도 되는지 고민이 깊을 수 있다. 몇몇 대학생은 대기업 등에 들어가서 몇 년간 업무를 배운 후에 창업하겠다고 마음먹기도 한다. 하지만 몇 년간 직장 생활을 해도 여전히 본인이 창업에 적합한 사람인지 모를 수 있다. 회사를 다닐수록 실패했을 때 잃어버릴 것에 대한 두려움이 깊어질 수도 있다.

수많은 사람이 하는 이 질문에 대한 필자의 답은 어쩌면 허무할 수 있는데, 그 답은 스타트업을 하기에 적합한 사람이란 정해져 있지 않다는 것이다. 스타트업의 성공 방식이 비정형적이듯이 스타트업을 해서 성공할 수 있는 사람도 정해져 있지 않다. 즉, 각자의 방식으로 성공하는 것이지, 결코 어떤 정답을 통해서 성공하는 것은 아니다.

흔히 퍼져 있는 잘못된 생각 중 하나는, 위험 추구형 성향이 스타트업 창업에 적합하다는 것이다. 하지만 필자를 포함한 스타트업 관련 경험이 많은 사람들은 성공한 창업가 중에 꼼꼼하고 작은 위험도 피하려고 노력하는 위험 회피형 성향이 상당히 많다는 것을 알고 있다. 성공하는 창업가가 위험 추구형이 많은지, 위험 회피형이 많은지는 사실 중요하지 않을 수 있다. 오히려 스타트업을 창업해서 성공하는 사람들의 유형이 다양하다고 보는 것이 바람직하다. 각자의 방식으로 승부하는 것이다.

게다가 산업마다 요구되는 역량이나 성격이 다를 수 있다는 점을 고려하면, 그리고 공동으로 창업하는 경우도 많다는 점을 이해한다면, 스타트업에 적합한 성향을 질문하는 것은 큰 의미가 없음을 깨달을 것이다.

오히려 어떤 산업에서 어떤 사업을 할지, 그리고 누구와 함께 창업할지, 공동 창업자들 사이의 성향이 얼마나 균형 있는지, 각자의 역할과 책임이 무엇인지, 어떻게 팀워크를 공고하게 이루는지 등을 구체적으로 고민하는 것이 더욱 의미 있다.

그럼에도, 스타트업 창업과 성공을 위해 갖추고 있으면 좋을 만한 요소를 꼽을 수는 있다. 스타트업 성공이 비정형적이기에 심지어 다음과 같은 요소가 없어도 성공할 수 있겠지만, 수많은 창업자를 보면서 필자가 꼽은 기본 요소다.

학습

학습 태도와 능력이 뛰어난 사람들이 창업해야 한다. 학습 태도가 불량하거나 학습 능력이 떨어지는 사람은 창업을 통해서 성공까지 다다르기 쉽지 않다. 스타트업은 처음부터 맞는 답을 찾아서 성공하는 것이 아니라, 시행착오와 학습의 과정을 통해서 혁신하고 성공에 다다르는 것이기 때문이다.

또한 멋지고 큰 스타트업을 만들기 위해서는 창업자가 학습해야하는 영역이나 절대적인 학습의 양도 상당히 많다. 스타트업을 성장시키는 모든 과정에서 학습이 요구되므로 학습 태도와 능력은 스타트업 창업자에게 필수적이다.

실행력

　창업자는 창업을 하려는 분야에서 실행력을 갖추고 있거나, 창업 시점에 실행력이 다소 약하다면 사업 과정에서 실행력을 빠르게 높일 수 있어야만 한다. 좋은 아이디어만으로 스타트업을 시작할 수는 있지만, 뛰어난 실행력 없이는 스타트업의 성공에 다다를 수 없다.

　창업 초기에는 여러 이유로 반드시 핵심에만 집중해야 하는데, 핵심에만 집중해도 인적 구성 대비 업무량이 많을 것이 자명하므로 공동 창업자들의 실행력은 중요하다.

　또한 대기업이나 중견기업처럼 지원 혹은 관련 부서가 있는 것이 아니기에 닥치는 업무를 일정 수준 이상으로는 무조건 실행해야만 한다. 스타트업은 '이가 없으면 잇몸'으로 실행해야만 하는 것이다.

에너지 레벨

　창업에서 성공까지 가는 과정에서 많은 즐거움이 있겠지만, 실은 어려움이 더 많다. 즐거움과 어려움이 낮밤으로 오가기도 한다. 그 과정에서 창업자가 한결같은 마음을 유지하는 것은 쉽지 않겠지만, 정신적으로 지쳐서 탈진해서는 곤란하다.

　또한 처음 들으면 상당히 의외일 수도 있겠지만, 스타트업 실행의 과정은 치열하기 때문에 체력도 중요하다. 학습과 실행에는 몰입의 절대적 시간이 필요하고, 그 시간은 체력전이 되기도 한다.

　창업자의 에너지가 다른 사람들에게 전파된다면 더 좋겠지만, 적어도 체력 고갈이나 정신적 탈진으로 중도 하차한다면 누구에게나

아쉬울 것이다.

이런 요소들 이외에도, 예비 창업자가 '해당 사업을 성공시킬 수 있을까?'에 대한 답을 하기 위해 노력하는 과정은 큰 의미가 있다. 치열하게 고민하는 과정에서 많이 깨닫고 배울 수 있고, 이것은 원래부터 낮은 성공 가능성을 조금이나마 높이기 때문이다.

스타트업에 내가 맞을까? ▼

창업을 직접 하지 않더라도, 스타트업에서 일하는 것을 커리어로 선택할 수도 있다. 창업자들보다 스타트업에서 커리어를 쌓는 사람들이 훨씬 많다는 점은 자명하다.

본인이 스타트업에 맞는지 알아보는 좋은 방법 중 하나는 스타트업에서 일해보는 것이다. 스타트업에 대한 이해가 사회 전반적으로 높지 않기에 스타트업의 업무를 상상하거나 남들의 경험을 듣는 것에는 한계가 있다. 스타트업 성공이 비정형적이듯이 스타트업마다 업무 방식이나 문화 차이도 상당하다. 또한 창업을 결심했더라도, 창업의 시행착오를 줄이기 위해 시간과 기회가 된다면 다른 스타트업에서 일해보는 것을 추천한다.

학생에게는 스타트업에서 인턴으로 일해보는 것이 좋은 경험이다. 방학 기간의 짧은 인턴 생활도 괜찮지만, 스타트업 업무 경험뿐 아니라 실제로 뭔가 얻기 위해서는 최소 반년 이상의 인턴을 추천한다. 그러면 인턴으로 무엇을 얻을 수 있을까? 대기업 인턴은 복사만 한다는 우스갯소리도 있지 않은가.

스타트업에서는 보통 업무는 넘치고 사람은 모자라기 때문에 스타트업 인턴도 현업을 하게 되고, 인턴이 업무를 잘 수행할 수 있도록 주변 사람들이 돕게 된다. 이런 이유로 크게 두 가지 측면에서 실질적 도움이 된다.

첫째, 실무 역량을 쌓게 된다. 동아리나 학회 활동으로는 실무 역량이 별로 늘지 않는다. 업무 역량을 늘리는 거의 유일한 방법은 실제로 업무를 해보는 것인데, 스타트업에서는 인턴에게도 업무를 준다. 둘째, 인적 네트워크를 만들 수 있다. 인턴을 도와주는 멘토나 사수와의 인간관계뿐 아니라, 스타트업은 보통 인원 규모가 작기에 끈끈한 유대감이 생긴다. 이를 통해서 업계 내에서 장기적으로 도움이 되는 인맥들을 넓혀갈 수도 있다.

스타트업의 평균은 실패이니 수많은 스타트업이 만들어지고 없어질 텐데, 어떻게 골라야 할까? 스타트업 업계에서 일해보지 않은 사람은 스타트업에 대해서 잘 모르니 좋은 회사를 고를 가능성은 낮다고 생각하는 것이 합리적이지 않을까?

결정은 스스로 하는 것이지만, 엔젤 투자자나 벤처캐피털이 투자한 스타트업에 인턴으로 지원하는 것도 지혜로운 방법이다. 경험이 많은 엔젤 투자자들이나 벤처캐피털들은 이미 수많은 스타트업을 봤을 텐데, 이들이 검토하고 투자한 스타트업이라면 일단 한 번은 전문가의 눈으로 걸러진 상태이기 때문이다. 또한 투자를 받은 회사들의 리스트는 여러 매체, 특히 온라인 미디어를 통해서 공개되는 경우가 많기에 조금만 검색해보면 쉽게 찾을 수 있다.

다양한 업무를 간접적으로 경험한다는 측면에서도 10명 이하의 창업 직후 스타트업보다는 다소 성장한 스타트업에 들어가는 것이 좋은데, 그 관점에서도 벤처캐피털들이 투자한 스타트업이 적합하다.

많은 스타트업에서는 특성상 각자의 역할과 책임(role & responsibility)이 대기업이나 중견기업처럼 명확하게 정의되어 있지는 않고, 다소 느슨한 경우가 많다. 스타트업 자체가 빠르게 변화하고 발전하기에 역할과 책임 또한 어느 정도 가변적이다. 누구의 일도 아닌 일은 누구라도 해야 한다. 또한 규모가 작기 때문에 구성원 각자의 업무 성과가 회사의 성과에 바로 영향을 미친다.

이런 특성으로 인해서 전문적인 역량과 경험을 가진 인재들도 안정적인 대기업보다 스타트업을 선호할 수 있다. 좁은 전문 영역보다 훨씬 넓은 영역을 경험할 수 있으며, 사업 전반의 흐름과 본인의 역할과 책임을 연관시키기가 쉽다. 손발이 모자라는 것은 힘들지만, 보다 큰 성취감을 느낄 수 있다. 평생 스타트업에서 일해야만 하는 것이 아니니 커리어 변화와 발전 차원에서 스타트업을 잠시 선택할 수도 있다.

인턴의 경우, 전문 분야가 뚜렷이 없으니 스타트업에서 맡는 업무가 중간에 바뀌는 경우도 허다하다. 많은 스타트업이 전반적으로 일손이 딸린다는 이유로 인턴을 채용하기도 한다. 심지어 인턴 채용 이후에 인턴과 면담을 하면서 할 일을 즉석에서 결정하는 경우도 있다.

인턴은 '어떤 회사에서 어떤 일을 할 것인가?'보다는 '누구와 함께 일하는가?'가 훨씬 중요하다. 보통 '사수'라고 표현하기도 하는데, 나와 직접적으로 일하게 될 1~2명의 사람을 지칭한다. 일을 처음 시작하는 사람들 대부분은 사수에게 많은 지식과 경험을 전수받는다. 습관조차 전수받을 가능성이 높다. 업계 인적 네트워크의 씨앗이기도 하다. 그렇기에 인턴 자리를 알아보는 과정에서 누구와 일할지 질문해보는 것도 좋다.

마지막으로, 스타트업을 커리어로 선택할 것인지를 지혜롭게 판단하려면 스타트업마다 업무 경험이 다를 수 있다는 점을 인식해야 한다. 한 스타트업에서의 경험이 다른 스타트업에서도 유사할 것이라고 예상하는 것은 곤란하다.

필자는 스타트업에서 일하는 것도 여러 훌륭한 커리어 중의 하나로 생각한다. 각자의 삶에 맞는 커리어를 지혜롭게 선택하기를 바란다.

스타트업은 압축 성장의 발판 ▼

　사회 초년생 때에는 수백만 원 차이가 엄청나게 크게 느껴진다. 신입 사원의 연봉이 2,500만 원과 4,000만 원인 회사에 다니는 친구 간에는 무려 1.6배에 달하는 차이가 있다. 그러나 한걸음 물러서서 인생을 길게 보면 이런 차이가 크지 않을 수 있다. 전자가 억대 연봉자가 될 수도 있고, 후자가 '사오정'(40~50대 정년 퇴직자)이 될 수도 있다.

　또한 가족을 위한 주택과 자녀 교육 등으로 인해 40대 초반부터 50대 중반에 가장 돈이 많이 필요하다. 사회 생활 초기의 몸값은 상대적으로 덜 중요하므로 반드시 처음부터 남들보다 앞서야 한다는 생각에 연연할 필요가 없다. 이제 대기업도 평생 직장이 아니고, 100세 시대이기에 본인의 가치를 높인다는 측면에서 좀 더 길고 넓게 커리어를 고민할 필요가 있다.

　본인의 가치를 높인다는 측면에서 스타트업은 무슨 의미일까? 결과적으로 스타트업은 본인의 가치를 극대화할 수 있는 효과적인 방식 중 하나다. 스타트업의 평균은 실패라는데 가치를 극대화할 수 있는 방식이라니? 비상식적인 것 같지만, 좀 더 생각해보자.

　스타트업으로 성공한다면, 다른 이들보다 큰 경제적 부를 거머쥘 수 있다. 설령 큰 경제적 부를 얻지 못하더라도, 나이와 경력에 비해서 큰 조직이나 큰 사업을 이끄는 주체로 자신의 리더십을 성장시킬 기회를 얻는다. 본인이 몸담았던 스타트업의 영역에서 전문성을 크게 인정받을 수도 있다.

보통 스타트업의 실패를 걱정할 텐데, 그 실패가 올바른 실패라면 큰 문제가 없다. 적절히 구성된 팀과 최선을 다했음에도 실패했다면, 또한 실패 시점에 너무 많은 빚을 지게 된 상태가 아니라면, 그 사람은 같은 기간에 대기업을 다니거나 공무원 생활을 한 사람보다 큰 배움을 얻었을 가능성이 높다. 몸값이 올라갔을 가능성이 높다.

왜일까? 해답은 압축 성장에 있다.

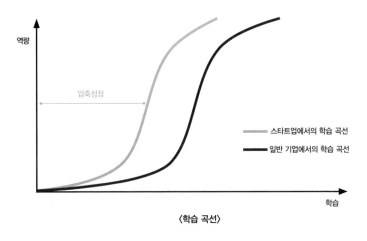

〈학습 곡선〉

학습 곡선(learning curve)은 일반적으로 S자다. 초기에 시행착오와 반복의 과정이 한참 진행되며, 시간과 노력을 많이 들여도 결과물은 그에 비해 작게 느껴진다. 하지만 깨달음과 함께 어느 순간 가파르게 성장하며, 그동안 투자했던 시간과 노력이 발현된다. 성장은 무한하지 않고 다시 정체기가 찾아오는 S자 학습 곡선이 지식근로자(knowledge worker)에게는 흔하다.

스타트업에 참여하는 구성원들은, 본인의 삶을 주도적으로 선택한 경우가 많기 때문에 보통 주당 70~80시간씩, 많게는 주당 100시간 이상 일한다. 법정근로시간인 주당 40시간보다 절대적으로 많다. 2~3배 일한다. 정확히 표현한다면, 2~3배 빠르게 성장하고 있는 것이다.

스타트업에서는 의전(儀典)이나 사내 정치가 없고, 행정 절차도 없다. 스타트업에서는 부서 이기주의를 걱정할 필요가 없으며, 누군가의 의사 결정을 기다리면서 시간을 죽이는 일도 없다. 스타트업에서는 시행착오와 실패가 당연하므로 안위를 위해서 고민할 필요도 없다. 결과적으로, 업무의 핵심에만 몰입할 수 있다.

단순한 노동자와 달리, 지식근로자는 몰입을 하는 경우 생산성이 몇 배 올라갈 수도 있다. 주당 100시간을 몰입하는 것은 주당 40시간보다 2.5배 많은 시간이지만 실제 5배 이상 일하는 것이다. 1년 동안 주당 100시간 정도 몰입하면, 대기업에서 5년 일하는 것과 맞먹는다. 2년을 하면, 10년차의 차장급이나 부장급일 수 있다.

별개로, 주당 100시간씩 2년 동안 몰입한다면, 1년이 52주이므로 거의 1만 시간 정도가 된다. 적절한 재능이, 적절한 환경에서 1만 시간을 연습해야 성공한다는 말콤 글래드웰의《아웃라이어》가 떠오르지 않는가?

　물론, 주당 100시간씩 일하는 것은 극단적인 예다. 그럼에도 절대적 시간, 자발적 업무 태도, 몰입의 정도 등은 개인의 성장에서 간과할 수 없는 중요한 요소라는 점은 자명하다. 이런 요소들을 모두 갖추고 있는 스타트업은 개인이 압축 성장할 수 있는 좋은 환경을 제공한다.

　스타트업이 실패하더라도 구성원들은 본인의 가치를 압축 성장시킬 수 있다는 점 이외에도, 스타트업의 구성원들은 자연스럽게 생존력을 키울 수 있다. 스타트업 현장은 이가 없으면 잇몸으로 일해야 하고 생존이 절박한 곳이기에, 어쩌면 환경 변화에 대한 적응성과 생존력이 커지는 것은 당연한 일일지도 모른다.

　결론적으로, 스타트업은 실패할 수 있지만, 스타트업의 구성원들은 성공할 수 있다. 스타트업에서 일하는 것은 많은 것을 포기하는 선택일 수도 있지만, 다른 선택보다 빠르게 성장할 수 있다는 점은 확실하며, 이로 인해 스타트업이 실패하더라도 구성원은 얼마든지 다른 기회를 찾을 수 있다.

　일부 젊은이는 스타트업에서 커리어를 시작했다가 실패하는 경우 대기업으로 못 갈 수 있다고 걱정한다. 물론 40대 이후에 대기업으로 옮기는 것은 흔하지 않겠지만, 30대 중반까지는 대기업이 적극적으로 외부 인재들을 영입하는 연령대이기 때문에 스타트업에서 실무적인 역량을 쌓았다면 대기업 이직의 가능성은 낮지 않고, 특정한 영역에서 전문성을 가졌다면 금상첨화일 것이다.

스타트업에 참여한 사람이 명심할 사항을 단 하나만 꼽자면, 어제보다 오늘의 내가 성장하고 있다는 느낌이 들어야 한다는 것이다. 만약 이런 느낌이 없다면, 스타트업을 그만두는 것을 숙고하는 것이 맞겠다.

공동 창업

과거에 어른들이 "동업은 하지 말아라"라는 말을 많이 했다. 그러면서 본인이나 지인의 동업 실패에 대한 이야기를 해준다. 뒤통수를 맞은 경험, 이익 배분 문제가 생긴 경우나 함께 일하기 힘든 상황 등이다.

물론 스타트업도 혼자 창업할 수 있다. 그럼에도 최근 스타트업에서는 공동 창업을 추천하는 경우가 상당히 많다. 왜 그럴까? 공동 창업의 이점은 무엇일까?

공동 창업

　한 세대 이전인 1990년 전후의 업무 환경을 떠올려보면, 스마트폰과 인터넷은 당연히 없었고, PC가 업무에 도입되던 시절이었다. 투명한 정보 공유를 기대하기 어려울 뿐 아니라, 협업 생산성도 낮았을 것이다. 당연히 동업자를 속이기 쉬운 환경이었고, 협업보다 창업자 독단에 의한 실행력이 더 컸을 것이다. 지금은 시대가 변했다.

　주식회사와 관련된 다양한 제도의 발전, 다양한 도구로 인한 협업 생산성 증가와 정보 투명성 증대 등으로, 1인 창업보다 공동 창업의 성공 가능성이 보다 높은 시대가 된 것이다.

시대적인 변화 이외에도, 스타트업에서는 적절하게 구성된 공동 창업이 1인 창업에 비해 효용이 클 수밖에 없는데, 공동 창업의 이점, 그리고 그 이점을 살리기 위한 적절한 공동 창업의 구성 등은 다음과 같다.

첫째, 팀워크를 발휘할 수만 있다면, 공동 창업자의 역량과 경험이 개인의 그것보다 깊고 넓기에 성공 가능성이 높다.

스타트업 성공을 위해서는 반드시 사업 초기에 창업자 혹은 공동 창업자들이 성공에 필수적인 핵심 역량(core competence)을 자체적으로 보유하고 있어야 한다. 그래야만 인재 구인의 어려움과 자금 소요의 괴로움을 이겨내고 제품과 서비스를 만들어 초기 고객을 만족시킬 수 있다.

보다 중요하게는, 실행과 시행착오를 통한 학습은 말로 전달하기 쉽지 않기 때문에, 경험과 학습은 창업자 혹은 공동 창업자들에게 내재화되어야 성공 가능성이 높아진다.

한편 핵심 역량 이외에는 적당히 하겠다는 자세 또한 필요하다. 창업 초기에 해야 할 일들이 절대적으로 많을 텐데 모든 영역을 잘할 수도 없지만 모든 영역을 잘하겠다는 자세는 해가 된다. 사업의 핵심이 작동하지 않으면, 아무리 많은 일을 해도 결국 실패한다. 스타트업의 평균은 실패라는 점을 기억하자.

둘째, 성공을 위한 균형감을 위해서 공동 창업이 좋다.

창업에는 자기 확신이 필수적이다. 그런데 이는 자칫 독단과 고객 무시로 이어질 수 있다. 또한 시행착오와 학습을 위해서는 끊임없는 의심이 필요하다. 그런데 이는 자칫 어이없는 포기로 이어질 수 있다. 창업자에게 확신과 의심은 함께 필요하다.

창업자가 너무 내성적이라면, 인재 구인이나 영업에서 적극성이 다소 떨어질 수 있다. 너무 외향적이라면, 실행의 디테일이 다소 떨어질 수 있다. 대부분 사업은 내성적인 성향과 외향적인 성향을 동시에 요구한다.

즉, 성공을 위해서는 이질적 특성을 가진 공동 창업자들이 상호 보완하는 것이 좋다. 물론 서로 다른 사람들이 공동 창업하는 과정은 절대 쉽지 않다. 스타트업 성공은 흔치 않다는 점을 기억하자. 절대 쉬운 일은 없다.

《좋은 기업을 넘어 위대한 기업으로》의 저자인 짐 콜린스는 위대한 기업으로 도약한 회사들에서 공통된 특징들을 찾아냈는데, 그중 하나가 비관적인 현실을 직시하면서 미래를 낙관하는 굳은 신념을 동시에 가진 '스톡데일 패러독스'(Stockdale paradox)였다.

현실을 냉철하고 비판적으로 바라보는 사람들은 낙관적이기 힘들고, 미래에 낙관적인 사람들은 현실에 냉혹하기 힘들다. 그렇기에 패러독스(역설)라고 부르는 것이다. 하지만 현실 직시에 능한 한 사람과 미래를 낙관하는 한 사람을 구하는 것은 좀 더 쉽다. 물론 그들이 팀으로 일하는 것은 쉽지 않겠지만 말이다.

셋째, 외로움을 함께 견디기 위해서 공동 창업을 추천한다.

첫째, 둘째 이유보다 이해하기 쉽지 않겠지만, 치열한 스타트업을 직접 해본 사람들은 쉽게 공감할 것이라 믿는다. 스트레스, 감정 기복, 산전수전, 단순한 설명이 어려운 일들, 주변의 곱지 않은 시선 등등. 가족과 대화하는 것도 쉽지 않은 경우가 있다.

공동 창업을 하면, 옆에 비슷한 처지에, 고난과 실패를 함께 나눌 수 있고, 말 없이도 이해하는 사람이 있기에 큰 힘이 된다.

특히 창업 초기에는 첫째, 둘째 이유가 중요하지만, 정말 멋지고 큰 회사를 만드는 관점에서는 셋째 이유가 더욱 중요해진다. 멋지고 큰 회사는 하루아침에 만들어지지 않고 오랜 시간이 걸리기 때문이다.

••••

명확한 장점에도 불구하고 공동 창업을 실현하는 과정은 쉽지 않다. 역량과 경험, 성향 등이 다른 사람들이 팀워크를 이루는 과정이기 때문이다. 또한 실행에 몰입하는 것과 병행해 신뢰, 맹목적 믿음, 합리적 의심을 오가면서 팀워크를 이루어야 하기 때문이다. 그 과정에서 다음과 같은 사항을 주의하면 좋다.

커뮤니케이션의 절대적 양

공동 창업자들끼리는 절대적으로 커뮤니케이션을 많이 해야 한다.

특히 창업 초기에는 협업 도구가 지원하는 수준 이상으로 커뮤니케이션을 많이 하는 것이 좋다. 사업뿐 아니라 회사 전반의 모든 이야기, 개인의 일상사까지 모두 대화의 주제이기 때문이다.

공동 창업자 숫자가 많으면 커뮤니케이션을 위한 비용이 기하급수적으로 늘어나기 때문에 가급적 숫자가 적은 것이 좋다. 그렇기에 한 테이블에서 식사를 할 수 있는 2~4명을 공동 창업의 적절한 숫자로 본다.

생산적 의견 충돌과 명료한 최종 의사 결정

공동 창업자 사이의 의견 차이는 당연하다. 오히려 의견 차이를 해소하는 과정이 생산적인가, 의사 결정을 명확하고 빠르게 할 수 있는가가 관건이다.

치열한 토론, 다양한 조사 자료에도 불구하고 공동 창업자들이 다른 의견을 가지는 경우가 종종 있다. 이 경우 의사 결정을 미루는 것은 좋지 않다. 초기 스타트업에서는 방향보다 실행이 중요할 때가 더 많기 때문이다. 즉, 90% 맞는 지연된 의사 결정보다 70% 맞는 빠른 의사 결정이 더 좋을 수 있다.

심지어 필자는 '단판 가위바위보'를 추천하기도 한다. 치열한 토론에도 결론이 나지 않으면, 가위바위보에 이긴 사람의 의견에 따르라는 것이다.

공동 창업자, 핵심 인재, 그리고 팀원 ▼

스타트업 업계의 행사장에 가면, 공동 창업자, 핵심 인재, 그리고 팀원의 차이를 묻는 질문이 종종 나온다. 많은 스타트업 관련 글이나 발표에서 세 단어는 상호 대체 가능한 것처럼 사용되는 것이 현실이나, 이 셋은 약간씩 의미가 다르다.

공동 창업자

공동 창업자는 문자 그대로 함께 창업을 한 사람인데, 공동 창업자에 대한 정의나 형식이 정해져 있지 않기에 해석이 다양한 편이다. 필자는 공동 창업자는 성공은 물론이고 실패까지도 함께하는 사람이라고 본다. 처음에 함께 창업을 하더라도 모두 끝까지 함께하는 것은 아니다. 성공을 함께할 사람을 찾기는 쉽겠지만, 실패를 함께할 사람은 드물다. 사업의 책임을 함께 져주는 사람이 적은 것이다.

스타트업 실패를 함께하는 것이 공동 창업자이고, 보통 스타트업들이 1~2년을 집중해봐야 성패를 가늠할 수 있다는 현실을 생각해보면, 공동 창업자는 일정 기간을 스타트업에 무조건 헌신해야 한다.

핵심 인재

사업 초기의 성공을 위한 핵심 역량은 내재화돼야 한다는 점은 앞서 강조했다. 그런데 공동 창업자들이 해당 역량을 모두 갖추지 못한 경우에는 어떻게 해야 하는가? 사업이 진행됨에 따라서 새로운 역량이 필요한 경우는 어떻게 해야 하는가?

이 경우에는 핵심 역량을 갖춘 핵심 인재를 영입해야 한다. 핵심 인재는 공동 창업자들과 함께 성패를 모두 겪거나, 앞으로도 함께할 것이라고 굳게 맹세한 사이는 아닐 수도 있다. 하지만 스톡옵션 등의 인센티브, 공동 창업자의 비전과 믿음에 대한 공감 등을 통해 해당 스타트업과의 결속감을 높일 수 있다.

특히 핵심 인재는 다른 기업들에서도 핵심적인 역할을 할 가능성이 높기에 영입 이후에도 개별적인 관리를 해야만 한다.

팀원

스타트업에 관한 많은 오해 중 하나는, 바로 창업자 혹은 핵심 인재로 스타트업에 참여해야 한다고 생각하는 점이다. 또한 팀원이라면 마치 말단 직원처럼 느낀다.

모든 사람이 실패를 각오하고 도전해야 하는 것도 아니고, 모든 사람이 스타트업에 필요한 핵심 인재가 될 수도 없다. 스타트업에서 일하는 대부분은 팀원으로 일한다. 특히 창업 초기 스타트업에서는 팀원 한 명 한 명이 소중하며, 팀원이 팀을 이끄는 팀장 역할을 하기도 한다.

팀원은 일반 회사를 선택하듯이 스타트업을 선택한다. 해당 스타트업의 업무 방식이나 문화가 마음에 들 수도 있고, 해당 스타트업이 바라는 꿈과 비전에 공감했을 수도 있으며, 본인 성장을 위한 좋은 환경일 수도 있고, 급여 수준이 좋을 수도 있다.

스타트업이 대기업, 중견기업보다 안정성이 떨어질 수도 있다. 하지만 직업과 일자리 선택의 기준이 안정성 하나만 있는 것은 아니고, 대기업, 중견기업도 언제든 망할 수 있다. 게다가 스타트업이 망한다고 팀원들이 책임을 져야 하는 것도 아니다.

공동 창업자, 핵심 인재, 팀원은 약간씩 다른 의미지만, 세 부류가 함께 스타트업 팀을 구성한다.

보통 창업 초기 팀은 공동 창업자가 서로 합심하는 것으로 시작된다. 그 이후에 핵심 인재, 팀원들로 초창기 팀이 구성된다. 팀은 지속적으로 변화하는 것이 당연하지만, 몰입과 시행착오의 경험을 토대로 전진해야 하는 창업 초기에는 공동 창업자 구성은 가급적 변하지 않은 것이 좋다.

팀의 중요성: 팀의 역량은 축적된다 ▼

미국의 아이디어랩(Idealab)은 가장 성공한 스타트업 인큐베이터 중 하나로, 아이디어랩의 설립자 빌 그로스(Bill Gross)는 여러 스타트업을 직접 창업하기도 했다. 그는 약 200여 개 스타트업을 분석해 스타트업 성공에 중요한 영향을 미치는 요소들을 도출했다.

그 결과, 스타트업 성공의 가장 중요한 공통 요소들은 타이밍(Timing), 팀과 실행력(Team and Execution), 아이디어(Idea), 비즈니스 모델(Business Model), 그리고 자금 조달(Funding)이었다. 놀라운 점은, 성공의 가장 중요한 요소가 적절한 타이밍이라는 것이다.

그런데 좀 더 깊이 생각해보면, 다섯 가지 중에서 팀과 실행력을 제외한 타이밍, 아이디어, 비즈니스 모델, 자금 조달의 4가지는 있다가도 없을 수 있고 없다가도 있을 수 있다. 심지어 운일 수도 있고 변할 수도 있다.

하지만 팀과 실행력은 몰입과 학습을 통해서 지속적으로 축적할 수 있다. 스타트업의 성공 요소들 가운데 시간이 지나고 성패를 거듭함에 따라서 커지고 발전하는 유일한 것이 바로 팀의 역량이다.

팀의 역량은, 개인의 역량과 경험이 팀워크를 통해서 시너지를 내는 과정이다. 그렇기에 창업을 하고자 하는 사람은 반드시 창업 이전에 개인의 역량을 높여야만 하고, 팀워크와 협업을 통해 시너지를 내는 경험을 쌓아야만 한다.

앞서 살펴본 여러 이유들로, 스타트업에서 팀을 잘 구성하는 것은 매우 중요하다. 팀의 역량과 경험이 쌓이면서 성공 가능성이 높아지는데, 해당 역량과 경험은 팀의 구성원이 바뀌면 상실되는 경우도 많다.

따라서 사업 기회를 발견하고 어떤 사업을 할 것인지 정하는 것도 중요하지만, 팀을 구성하는 것도 그에 못지않게 중요하다. '어떤 사업을 할 것인가?'라는 질문과 '어떤 팀을 구성할 것인가?'라는 질문은 별개가 아닌 하나일지도 모른다.

조직으로의 성장

일정 수준 이상의 성공을 거두고 수십 명 이상의 조직으로 커진 스타트업은, 빠른 성장 속도와 합리적이고 독특한 기업 문화 등을 제외한다면, 여느 기업들과 비슷한 부분이 많아지고, 기존 경영학에서 다루는 인사, 재무, 마케팅, 전략 등을 적용할 수 있다.

하지만 창업 이후부터 일정 수준까지 조직을 성장시키는 것은 스타트업 성공의 방식만큼이나 비정형적이다. 그렇기에 리더십, 구인과 채용, 외주 등과 같은 몇몇 측면을 살펴보겠지만, 일종의 생각할 단초를 제공하는 수준이고, 창업자들은 개별적으로 치열하게 고민해야만 한다.

채용은 내적 동기를 중심으로 ▼

동기부여를 하는 방법에는 크게 내적 동기부여와 외적 동기부여가 있다. 내적 동기는 그 자체로 즐거움을 얻는 것이다. 디자인 업무라고 한다면, 무언가를 스스로 만들어내는 디자인 행위 자체가 즐겁다고 느끼는 것이다. 반면 외적 동기는 특정한 행위의 결과에 따른 보상이 주어지는 것이다. 예컨대 디자이너로서 일을 함으로써 생기는 돈, 직위, 고용의 안정성 등과 같은 것을 말한다.

스타트업 초기의 인재 채용은 내적 동기를 중심으로 하는 것이 맞다. 스타트업이 작을수록 그 스타트업이 하는 일 자체에 흥미를 느껴서 합류하는 경우가 많고, 스타트업과 함께 본인도 성장한다. 특히 해당 스타트업의 비전과 믿음에 공감하는 사람이면 더욱 좋다. 창업자의 평소 성품에 공감한다면, 은연 중에 내적 동기가 작동할 수 있다.

창업자가 외적 동기를 약속해도, 스타트업 평균은 실패이므로 약속을 지키기가 쉽지 않다. 또한 보통 초기 스타트업에서 가장 큰 비용인 인건비는 가급적 줄이는 것이 맞기에 월급을 많이 주는 것도 현실적이지 않다.

그러므로 특히 스타트업 초기일수록 핵심 인재를 제외한다면 외적 동기를 통한 채용은 지양하는 것이 맞다.

이런 이유로, 초기 스타트업에는 창업자들의 지인이 합류하는 경우가 많다. 창업자들이 피면접자의 내적 동기를 이력서와 면접만으로 알기는 쉽지 않고, 반대로 피면접자도 창업자들의 비전과 믿음, 성향 등을 해당 스타트업에 대한 소개 자료와 면접만으로 알기 힘들다. 창업자의 지인은 평소 창업자와 교류함으로써 창업자의 평판, 성향, 그가 믿는 세상 등을 공감하기에 좀 더 쉽게 내적 동기를 가질 수 있다.

스타트업이 성장할수록 외적 동기를 중요하게 여기는 사람들이 많아진다. 특히 급성장 중인 스타트업에는 그런 사람들의 지원이 많아진다. 해당 스타트업의 급성장 소식, 유명 투자사로부터의 자금 조달 뉴스 등을 접하고 지원하는 경우, 높은 급여나 인센티브, 고용의 안정성이나 승진 등을 기대하는 경우도 많다.

물론 외적 동기를 추구하는 사람이 나쁜 인재는 절대 아니다. 다만 스타트업이 내적 동기에만 집중하기가 점점 더 어려운 상황이 된다. 자칫 잘못한다면, 그 기업이 추구하는 가치와 이루고자 하는 비전이 점점 옅어질 수 있다. 해당 스타트업만의 믿음, 가치, 비전을 계승하고 발전시키기 위해서 창업자들이 의도적으로 노력할 필요가 있다.

외주에 대한 기대? ▼

역량과 경험이 있는 지인이 풀타임으로 합류하기 힘든 상황이고, 풀타임으로 할 일도 아닐 경우라면, 지인이 외주를 하거나 지인이 파트타임으로 일하는 것을 고려해볼 수 있고, 대부분 특별한 문제가 발생하지 않는다.

하지만 지인이 아닌 사람이 외주를 할 경우에는, 설사 외주를 전문적으로 하는 프리랜서나 업체를 활용하더라도 문제가 가끔 발생한다. 지인이 아니므로 역량과 경험을 가늠하기 힘들어서 문제가 발생하기도 하고, 상호 커뮤니케이션 문제가 발생하기도 한다. 창업자가 외주를 하는 업무에 대한 이해도가 낮을 경우에는 문제 발생이 더 잦다.

이런 경우, 창업자가 성공적으로 외주를 수행한다는 가정으로 사업을 진행한다면 실패할 가능성이 높아질 것이다.

예를 들어, 개발 역량과 경험이 전무한 창업자들이 엔지니어를 공동 창업자 혹은 핵심 인재로 구하지 못해 외주로 개발하는 경우를 가끔 본다. 이들은 처음부터 외주 개발이 성공할 것이라 기대해서는 곤란하다. 외주 또한 시행착오와 학습의 과정이 필요하다.

즉, 모르는 영역이므로 배움을 얻겠다는 자세로 접근해야만 엔지니어와 협업하는 방법을 배울 수 있고, 그때가 돼야 외주로 개발이 가능하다. 처음에는 아주 작은 일을 외주로 개발해보는 경험을 쌓는 것도 좋다. 결과물이 마음에 든다면, 일을 좀 더 키워서 동일한 사람과 또 외주를 하는 것도 방법이다.

외주에서 고려할 점은, 시장에 레퍼런스가 많을수록 외주를 통한 해결 가능성이 높다는 것이다. 레퍼런스가 많다면 창업자와 외주를 하는 사람 사이의 커뮤니케이션이 보다 용이하고, 해당 업무를 할 수 있는 사람이 많을 가능성도 높기 때문이다.

모바일 앱 개발의 경우, 2010년대 초반만 하더라도 외주가 상당히 힘들었다. 개발할 수 있는 사람도 많지 않았고, 벤치마킹으로 개발하기에도 잘된 사례와 서비스가 충분하지 않았다. 하지만 지금은 모바일 앱을 개발할 수 있는 엔지니어가 늘어났고, 무엇보다 레퍼런스로 삼을 수 있는 사례와 서비스가 많아졌다. 즉, 2010년대 초반과 현재의 모바일 앱 외주 개발 가능성에는 차이가 많이 나는 것이다.

외주 가능성 여부와 별개로, 가급적 공동 창업자 혹은 핵심 인재 중 최소 한 명은 개발을 할 수 있어야만 한다. 스타트업에서 빠른 실행은 기본이므로 개발 능력 전체는 아니라도 빠른 학습을 위한 역량은 내재화되어야 한다.

네트워킹의 목적 ▼

여러 이유로 창업자들은 인적 관계를 위한 네트워킹(networking)을 의도적으로 해야만 할 수 있다. 다만 네트워킹은 몰입과 실행의 과정에 방해가 될 수 있으며 단기적 성과는 기대하기 힘들기에 적절하게 조절해야만 한다.

네트워킹의 목적을 명확히 하는 것이 강약 조절에 도움이 되는데, 창업자가 모르는 영역의 시각을 넓힐 수 있고, 투자자, 조력자, 사업 제휴처 등의 관계자들을 만날 수 있으며, 외부적 자극을 통해서 영감을 얻을 수도 있다. 이런 목적을 창업자가 고민하는 것 자체가 중요하다.

사업에 필요한 핵심 역량에 대한 고민이 있거나 필요한 역량을 찾아가는 과정에서 해당 역량을 가진 사람들과 네트워킹을 하는 것은 중요하다.

내가 잘 모르는 분야의 핵심 역량을 갖춘 사람들과의 네트워킹을 통해서 해당 분야나 역량에 대한 지식과 간접 경험을 쌓게 된다. 창업자가 네트워킹 전에 무엇을 모르는지 인식하고, 어느 정도의 사전 지식을 갖추면 네트워킹이 더 유의미할 것이다.

예컨대 엔지니어링이 중요한 사업을 한다면, 엔지니어와 대화하기가 힘들다고 하소연하는 건 곤란하다. 엔지니어들을 만날 기회에 적극적으로 참여해서 네트워킹을 하고, 그들의 언어, 문화, 사고방식 등을 이해하기 위한 노력을 기울여야만 한다. 그 과정에서 좋은 엔지니어를 보는 안목을 키울 수 있고, 엔지니어들이 어떤 말과 행동에 가슴을 여는지 알 수 있다. 엔지니어를 알아야 엔지니어 채용 및 협업이 효과적으로 일어날 수 있다.

보통 투자 유치도 한 번에 일어나지 않는다. 투자 관련 내용을 학습해야 하고, 투자자들과 대화하는 경험을 쌓아야 하며, 연락에 답장해 줄 투자자들 리스트도 확보하면 좋고, 투자 유치를 시도하기 전에 조력자들로부터 조언을 들을 수 있으면 더욱 좋다. 즉, 사전 준비가 필요한데, 네트워킹을 통해서 의도적으로 준비할 수도 있다.

많은 창업자들이 네트워킹의 가치를 과소평가 혹은 과대평가를 하는 경향이 있다. 과소평가하는 경우는 오로지 자기 앞만을 바라보게 되고, 과대평가하는 경우는 사업의 핵심 가치를 창출하기 위한 선택과 집중에 실패할 수 있다.

또한 어디에서 네트워킹을 해야 할지 모르는 경우도 있는데, 조금만 찾아보면 창업자들이 모일 수 있는 자리가 꽤 많다. 지방에 있는 창업자들은 네트워킹의 어려움을 토로하기도 하는데, 네트워킹을 위해서라도 종종 서울에 있는 스타트업 이벤트나 모임에 참여하는 것이 바람직하다.

초기 스타트업에서의 리더십 ▼

간혹 스타트업에서 요구되는 리더십에 관한 질문을 받곤 한다. 특히 스타트업 창업자들이 고민하는 것 같다. 한국적 상황에서 특히 어떤 부분이 더 강조되어야 하는지 묻는 사람도 있다.

그러나 리더십은 스타트업의 성공이 비정형적인 것만큼 다양하므로 특정한 성격이 스타트업의 리더에 어울린다, 혹은 어울리지 않는다는 식의 사고방식은 적절하지 않다.

한국에서는 카리스마형 리더를 리더십의 전형으로 생각하는 경우가 많은 듯하다. 남들 앞에서 말도 잘하고 외향적인 자세로 구성원들을 강하게 이끄는 사람을 보면, 좋은 리더처럼 느끼며 해당 사업이 잘될 것이라고 추론하는 경우가 있는 듯하다. 이는 해당 사업이나 팀의 특성 등을 전혀 고려하지 않은 전형적인 유형화 오류(stereotyping error)다.

스타트업은 큰 조직을 동원하거나 대중을 선동할 필요가 적기에 창업자의 카리스마가 필요한 경우가 상대적으로 더 적다. 남들 앞에서 강하게 이끄는 사람이 아니라, 오히려 뒤에서 묵묵히 지원하는 사람들이 훌륭한 리더일 수 있다.

창업자는 창업자 본인의 스타일로 승부해야 한다. 만약 창업자 본인이 스스로 어떤 부분이 부족하다는 것을 알고 있다면, 그 부분을 보완해줄 사람을 구하면 된다. 팀을 적절하게 구성하는 것이, 그리고 서로 다른 사람들이 함께 팀워크를 만들어가는 것이 리더십보다 더 중요하다.

그럼에도 불구하고 창업자 스스로 여전히 리더십에 대한 고민이 깊다면, 초기 스타트업에서는 단순하게 실행하는 것을 추천한다. 거창한 관념보다 구성원들 개개인의 관리에 집중하는 것은 단순하지만 매우 효과적인 방법이다.

초기에는 구성원들 숫자가 적을 것이고, 어떤 리더십이나 인사 체계를 갖추는 것보다 열린 마음으로 허심탄회하게 대화를 나누는 것이 가장 강력한 리더십이다.

조직으로의 성장 ▼

일정 수준 이상의 성공을 거두고 수십 명 이상의 조직으로 스타트업이 커지면, 또한 평균은 실패라는 스타트업에서 평균 이상의 성과를 거둬 축하할 순간이 되면, 조직이 본격적으로 성장하기 시작하고 조금 다른 국면이 펼쳐진다.

이에 대해서는 경영학의 대가 피터 드러커가 명확히 남긴 것이 있기에 그것을 그대로 발췌 인용한다.

어떤 신생 벤처 기업이 시장에서 적절한 지위를 차지하는 데 성공하였고, 재무구조와 재무 통제 시스템도 성공적으로 구축하였다고 하자. 그럼에도 불구하고 여전히 그 신생 벤처 기업은 수년 뒤에 심각한 위기에 봉착할 수 있다. 비로소 '성인' – 잘 조직되어 성공적으로 경영되고 있는 기업 – 의 문턱에 도달한 것으로 보이는 바로 그 무렵에 어느 누구도 이해하지 못할 곤경에 빠진다. 제품들은 모두 최고 수준이고 사업 전망도 밝다. 그러나 기업은 더 이상 성장하지 못한다. 수익성이나 재무 상태 등 다른 어떤 주요 분야에서도 더 이상 성과를 올리지 못한다.

어느 벤처 기업에서나 그 원인은 한 가지이다 – 최고 경영자팀(Top management team)을 구성하지 않은 것이다. 회사가 창업자 한두 사람이 경영을 하기에는 너무 벅찰 만큼 크게 성장하였고, 따라서 이제는 최고 경영자팀을 필요로 하게 된 것이다. 만약 최고 경영자팀을 필요로 할 무렵에 아직까지 그런 팀이 구성되어 있지 않다면 그 벤처 기업은 너무 늦은 것이다. (중략)

그 해결책 역시 비교적 간단하다. 그러나 그것은 창업자의 의지를 필요로 한다. 모든 것을 혼자 힘으로 하지 않고 경영자팀을 구축해야겠다는 의지 말이다. 만일 창업자에게 그런 의지가 결여되어 있다면 그 벤처 기업은 수개월 내에 혹은 수년 내에 틀림없이 위험에 봉착하게 될 것이다.

(피터 드러커 저, 이재규 역, 《피터 드러커 미래경영》, 235~237쪽)

요약하면, 전도유망한 스타트업이 되더라도 창업자가 의지를 가지고 적시에 적절한 최고 경영팀을 구성해야만 위기를 맞지 않는다는 것이다.

일정 수준 이상의 성공을 거둔 이후, 적절한 최고 경영팀을 구성해야 한다는 신호는 다양한 측면에서 나타난다. 구성원들의 동기부여, 공정한 보상 체계, 권한 이양, 불만에 잇따른 퇴사자 속출, 제휴 파트너의 이탈 등등.

이런 신호들에도 불구하고 창업자가 미래를 근거 없이 낙관하거나, 기존의 성공에 도취되어 있거나, 최악에는 개인적 욕심으로 적절한 최고 경영팀 구성에 실패하는 경우가 종종 있다.

창업자가 문제를 인식하고 의지를 가지더라도, 한국에서는 실리콘밸리에 비하면 적절한 경영진을 구성하는 것이 더욱 힘들다.

최고 경영팀을 위한 인재 풀이 약하며, 최고 경영팀 각자의 역할과 책임을 명시하고 그에 따라 협업하는 경험도 적으며, 인재 이동이 유동적이지 않기 때문이다. 그렇기에 한국에서는 실리콘밸리보다 최고 경영팀의 구성과 안착에 시간이 더 걸린다고, 더욱 노력해야 한다고 보는 것이 맞는 듯하다.

그렇기에 창업자들이 멋지고 큰 회사를 만들고 싶다는 의지가 강하다면, 성공의 바로 그 순간부터 최고 경영팀 구성에 대해 고민하기 시작해야 한다.

멋지고 큰 회사를 만들었던 선배 창업자, 역량과 경험이 있는 투자자, 인생의 조언자 등을 어떻게든 찾아가는 것도 좋다. 멋지고 큰 회사를 만들어본 경험이 있는 사람은 그리 많지 않다. 간접 경험을 해본 사람도 많지 않으며, 직접 경험한 사람은 더더욱 적다. 그들과의 대화는 이제 막 성공한 창업자에게 많은 영감과 자극을 줄 것이 자명하고 최고 경영팀 구성에 관한 고민에도 도움이 될 것이다.

참고로 멋지고 큰 회사를 만든 창업자들은 보통 다른 창업자들에 대한 기본적인 애정이 있다. 기업가 정신과 외로움을 함께 공유하는 일종의 동족 의식이라고 할까!

조이코퍼레이션

때는 1997년. "시원아! 너 컴퓨터 프로그램 하나 만들어 볼래?" 한창 GW베이직 프로그램에 빠져 있던 초등학교 6학년 최시원은 갑작스러운 아버지의 제안에 귀가 솔깃했다.

대전에서 비디오 대여점을 운영하던 최시원의 부친은 평소 가게에서 사용하던 고객 및 재고 관리 프로그램의 성능과 품질에 불만이 많았다. 지역 시장을 독점한 업체의 횡포 탓이라고 판단한 그는 평소 프로그래밍에 남다른 재능을 보이던 아들에게 직접 만들어볼 것을 권유했던 것이다.

최시원은 6학년 말부터 개발에 들어가 중학교 2학년인 1999년 가을, 비디오 대여점을 위한 고객 및 재고 관리 프로그램을 내놓았다. 프로그램 판매를 막 개시하던 1999년 말부터 밀레니엄(Y2K) 버그가 비디오 대여점들을 혼란에 빠트렸다. 연도를 네 자리가 아닌 두 자리로 인식하도록 잘못 개발된 기존 프로그램은 연체료를 잘못 산정하는 등 오류가 빈번하게 발생했다. 이는 곧바로 최시원 프로그램의 판매 호조로 이어졌고, 출시 첫 달 무려 3,000여 만 원의 매출을 기록해, 또래들은 상상도 하지 못할 많은 돈을 벌었다.

그러나 호사다마라고 했던가. 미성년자 최시원을 대신하여 영업을 돕던 부친이 갑자기 암 판정을 받으면서 사업을 중도에 포기할 수밖에 없었고, 수익금 대부분을 부친의 치료비에 사용했다.

첫 사업은 아쉽게 마무리됐지만, 어린 나이에 개발과 창업에 눈을 뜬 그는 얼마 지나지 않아 또 다른 도전을 했다.

2000년 초반, 한국 IT 업계에서는 게임 산업이 약진했다. 최시원 역시 게임 시장에 기회가 있다고 판단해, 두 번째 사업으로 캐주얼 온라인 게임을 선택했다. 외부의 투자 지원도 적지 않았기에 더욱 자신이 있었다.

2년여간 낮에는 학교, 밤에는 집에서 두문불출하면서 노력한 끝에 대망의 출시를 했다. 그러나 2002년 월드컵의 열기에 눌리기라도 한 듯 쓴맛을 보고 말았다. '요즘 게임이 대세다. 사업성이 좋다'는 분위기에 이끌리기도 했고, 이미 성공을 경험했기에 '당연히 성공할 것'이라는 막연한 자신감도 있었다. 하지만 본인 스스로 게임을 하는 걸 즐기지도 않았고 특별히 흥미를 가졌던 분야도 아니었기에, 너무 쉽게 창업을 했다는 자성도 했다.

사업 추진의 어려움을 어린 나이에 벌써 두 번이나 통감한 것이었다.

이렇듯 치열한 성장기를 보낸 최시원은 일단 공부가 더 필요하다고 느꼈고, 당분간 창업은 없을 것이라며 학업에 매진해 대학에 입학했다. 전공 공부도 재미있었고, 스트링 알고리즘(string algorithm) 분야에 특히 관심을 가져 해당 분야의 석박사 과정에도 도전할 계획이었다.

그러던 2007년, 그를 다시 창업의 길로 인도하는 운명적 만남을 갖는다.

．．．．

　어머니는 어린 아들에게 "재홍아, 하고 싶거나 꿈꾸는 것이 있다면, 그 꿈대로 현실에서 살아본 사람, 그 꿈을 너보다 앞서 실천하고 있는 사람을 찾아서 만나봐라"라고 가끔 말했다. 꿈은 실천해야 하는 것이고, 롤모델이나 멘토를 만나는 것이 중요하다고 인식했던 김재홍은, 영화감독이 되고 싶을 때 영화 감독을 찾아가 만나보고, 우주 비행사가 되고 싶을 땐 NASA에 근무하는 사람을 수소문해서 직접 만나보기도 했다.

　대학에서 정치외교학을 전공한 그는 IT 정치에 눈을 뜨게 되었다. 앞으로는 인터넷으로 대표되는 IT 기술이 우리 삶과 세상을 빠르게 변화시킬 것이라고 확신했고, 관련 분야에서 주도적으로 일하고 싶다는 꿈을 가지게 됐다. 결국 싸이월드 공동 창업자를 직접 찾아가서 그가 새롭게 설립한 스타트업에서 인턴으로 일을 시작했다.

　많은 것을 배우고 경험할수록 직접 기획한 서비스를 실제로 구현해보고 싶다는 생각이 점점 강해졌다. 실행은 빠를수록 좋다고 판단한 그는 함께할 개발자를 찾는 것이 최우선이라고 판단했다. 주변 지인들에게 좋은 개발자를 연결해달라고 여러 번 부탁했고, 결국 친구의 친구를 통해 최시원을 소개받았다.

　"매거진+블로그 방식의 서비스를 구상 중인데, 이를 통해 대학생들에게 차별적인 문화를 만들어주고 싶어요"라는 김재홍의 구상을 처음 듣고, 최시원은 신선한 충격을 받았다. 돈과 성공이 아니라 새로운 문화를 만들어주고 싶다는, 어찌 보면 순진해 보이는 이야기에서 진심을 느꼈다. '세상은 김재홍처럼 다소 무모한 시도를 하는 사람들이 바꾸는 것이 아닐까?'라는 생각도 들었다. 만들어가고 싶은 세상에 대한 대화를 나누면서, 둘 사이에는 미래를 함께 도모해보자는 공감대가 형성되었다.

그러나 그들의 만남은 짧았다. ROTC 후보생이던 김재홍이 군 복무를 위해 입대했기 때문이었다.

••••

아쉬움을 뒤로하고 훗날을 기약하던 최시원은 마침 구글에서 인턴으로 일하는 기회를 잡았다. 구글에서 일하면서 최시원은 본인의 관심 주제였던 스트링 알고리즘이 현업에서 거의 사용되지 않는다는 사실에 충격을 받았고, 기업에서도 활용되지 않은 이론을 몇 년 동안 학교에서 연구하는 것에 대한 회의가 생겼다. 이러한 고민은 인턴 근무가 끝난 이후에도 여전했고, 이는 결국 방향을 선회하는 계기가 되었다.

2010년 당시 페이스북과 트위터 등 SNS 서비스의 트래픽이 급증하고 있었다. SNS를 미디어로 활용해 좋은 정보를 공유하는 사람들인 1인 미디어들도 늘어났지만, 정작 이들의 지속적인 활동을 도울 만한 수익 모델은 없었다.

SNS를 활용한 광고 서비스가 플랫폼과 1인 미디어 모두에게 도움이 될 것이라 판단한 최시원은 세 번째 창업을 결심했다. 그는 당시 병역을 마치고 장교 시절 경험을 바탕으로 《동고동락》이라는 리더십 책을 집필 중이던 김재홍과 의기투합한다. 김재홍이 대표이사를 맡고, 최시원의 대학교 선배가 기술이사로 합류하는 등 총 4명이 애드바이미(AdbyMe)라는 서비스를 기획하기 시작했다.

애드바이미는 SNS에 광고하고 싶은 광고주와 SNS에서 영향력을 가진 1인 미디어들을 연결하는 광고 플랫폼으로, 누구나 광고 링크와 함께 자신의 맥락에 맞는 광고 카피를 SNS에 게재하면, 사람들의 클릭 수에 따라 수익금이 지급되는 서비스였다. 수십만, 수백만 명의 팔로워에게 정보를 제공하는 트위터 이용자라면 애드바이미로 매달 몇 백만 원 이상도 벌게 하는 것이 애드바이미의 목표였다.

기본적인 팀 구성을 마무리하고 수개월을 밤낮으로 달리면서 테스트 버전을 준비했다. 최시원은 다른 회사에서의 병역 특례 근무가 결정되어 자리를 비웠지만, 틈틈이 가능한 한 물심양면으로 지원했다.

개발과 더불어 투자 유치를 위한 사업 계획서도 작성했는데, 이것은 인턴으로 합류한 안나현의 첫 업무였다. 내부 지인 대상의 테스트 결과를 포함한 사업 계획서를 가지고 여러 투자자들을 찾아 다녔다. 그러나 현실에서 검증된 바가 없기 때문인지 투자자들의 반응은 냉담했다.

결국 창업자들은 협의 끝에 "투자를 받으러 다닐 에너지로 서비스를 일단 론칭해보자"라는 결론에 도달해 2011년 1월 17일 서비스를 론칭했다. 초기 서비스를 위한 최소한의 광고주가 필요했기 때문에 이리 뛰고 저리 뛰며 사돈의 팔촌까지 인맥을 다 동원해 총 10개의 광고를 확보했다.

애드바이미의 초기 반응은 예상보다 뜨거웠다. 확보했던 광고가 순식간에 소진되며 기대를 훨씬 뛰어넘는 2,000만 원 수준의 첫 달 매출을 기록했다. 트위터를 통해 하루 수십만 원을 번 1인 미디어도 나오는 등 애드바이미의 시작은 가히 성공적이라 평가할 만했다. 소셜 쇼핑과 게임을 제외하면 제대로 수익을 창출하는 스타트업이 많지 않았기에 이런 초기 성과는 더욱 고무적이었다.

4개월 만에 누적 매출 1억 원을 돌파하자 투자자들이 관심을 갖기 시작했고, 약 5억 원의 투자도 유치하면서 분위기는 더욱 좋아졌다. 연매출 6억 원. 신생 스타트업으로는 준수한 성적표였다.

2011년 2월, 자신의 이력서에 인턴 경력을 추가하고자 했던 컨설턴트 지망생 안나현도 주주이자 운영이사로서 정식으로 합류했다.

두 창업자의 신념과 생각들에 공감했던 그녀는, 팀이 타인의 의견을 경청하고 스스로를 객관적으로 보려는 자세가 있고, 실수나 실패를 경험하더라도 함께 성장할 수 있겠다고 판단해 그 나름 큰 결정을 내렸다. "안정적인 직장이 좋아 보이지만, 그 안에서 나도 모르게 안주하면서 개인의 성장이 멈추는 경우가 많다. 세상은 계속 바뀌고 있으니 개인의 역량을 계속 키우는 것이 중요하다"는 부친의 격려도 큰 힘이 되었다.

이처럼 창업자들은 물론 인턴들까지도 모두 20대 중반의 젊은이였기에 쉽게 융화되면서 끝까지 해보자는 분위기가 단단하게 형성되었다.

••••

초기 반응이 너무 좋았던 탓일까. 2012년 4월 월매출 1억 원을 기록한 애드바이미는 이후 불안한 정체기를 맞았다. 대선 이후 트위터의 신뢰도가 급락하면서 트래픽에 균열이 발생하기 시작했고, 영업력을 늘려야만 매출이 증가하는 사업 모델이 과연 창업자들이 지향하는 기술 회사의 정체성에 부합하는가도 의문이었다.

'한국에서 제품 고도화를 할 것인가, 글로벌로 확장할 것인가'라는 고민 끝에, 한국에서의 성장을 기반으로 일본, 미국 등 해외 시장을 공략하기로 결정하고, 투자금의 상당 부분을 해외 시장 공략에 투입했다. 하지만 기대했던 성과가 나오지 않았고, 이는 급격한 현금 고갈로 이어졌다. 무엇보다 글로벌에서의 광고 영업력이 전무하다는 점을 간과한 문제가 컸다.

그 와중에 페이스북이나 트위터도 개방성을 축소하고, 애드바이미와 같은 외부 서비스가 이용하는 API(application programming interface)를 수시로 변경하는 등 애드바이미를 둘러싼 환경은 더욱 악화됐다.

결국 경영진은 애드바이미의 근본적인 문제는 기능 추가나 서비스 개선 정도만으로는 해결되지 않는다고 판단해 새로운 프로젝트를 검토하기 시작했다. 하지만 이 또한 애드바이미에 집중하던 직원들의 사기를 떨어뜨릴 수 있어서 매우 조심스러웠다.

····

2012년 여름. 더 이상 지체할 수는 없었다. 매출 정체 기미가 보이던 2012년 상반기부터 회사 분위기는 많이 가라앉아 있었다. 그렇지만 직원들의 동요는 심하지 않았고, 주요 임직원의 이탈도 없다는 것이 신기할 정도였다.

결국, 김재홍의 주도하에 전 직원 워크숍을 진행했고, 토론을 거쳐 리부팅을 결정했다. 말이 거창해 리부팅이지 사실 생존이 1순위 화두였다. 일단 생존하면 뭐라도 할 수 있을 것 같았다. 회사의 비전을 운운하는 것도 사치로 느껴졌고, 일단 생존하고 나서 목표고 비전이고 생각하자는 분위기였다.

애드바이미의 매출 감소폭이 컸고 하락세를 되돌릴 방법은 없었기에 급한 대로 외주 용역을 통해 운영 자금 일부를 충당하기도 했다.

신규 서비스 발굴을 위해 중점적으로 실행했던 것은 주기적인 해커톤(hackathon, 마라톤처럼 일정한 시간과 장소에서 프로그램을 해킹하거나 개발하는 일)이었다. 팀을 나눠서 1박 2일간 아이디어를 내고 샘플 단계까지 구현하는 것을 목표로 했는데, 중압감은 상당했다. 애드바이미를 운영하는 최소 인력을 제외한 모든 직원이 신규 서비스의 철학부터 구체적인 방안까지 논의했다.

이러한 과정을 통해 나온 신규 서비스가 '쿠키'로, 8~9월에 그리 나쁘지 않은 초기 테스트 성과를 냈지만, 수익 모델이 없다는 문제가 지적되면서 고민 끝에 접기도 했다.

어쩔 수 없이 많은 직원을 떠나보내야 했고, 남은 직원들의 다음 달 월급 지급도 불투명했다. 명맥을 유지하던 애드바이미를 통한 소액 광고도 감지덕지한 상황이었으나 이 역시 대행사 수수료 등을 빼면 남는 것이 거의 없었다.

결국 비용 절감을 위해 강남 삼성동의 60평 규모 사무실을 비우기로 했다. 다행히 업계 지인 회사의 여유 공간을 무료로 사용할 수 있게 되어 분당 야탑동으로 이사했다. 업무 환경이 악화됐지만, 삼성동에서는 한 끼 평균 식사비가 6,000원 정도였는데, 야탑동 근방은 4,000원 정도로 저렴해진 것을 긍정적으로 생각하자고 서로 다독였다.

••••

　2013년 여름, 병역 특례를 마친 최시원이 최고기술경영자(CTO)로 급거 복귀했을 때는, 한때 25명까지 늘었던 직원이 10명으로 줄어 있었다. 주저할 틈이 없었다.

　최시원은 애드바이미를 통해 지금까지 어떤 자산을 쌓았는지, 잘할 수 있는 영역이 무엇인지 고민했다. 결국 빅데이터의 분석·처리 시스템과 온라인 광고 시장에 대한 경험 두 가지가 핵심 역량이었다. 핵심 역량을 시장에 접목시켜보니 아직도 IT 기술 적용이 미진한 분야와 기회 요소는 적지 않아 보였고, 사업 아이템 선택을 위한 숙고에 들어갔다.

　결국 최시원이 선택한 아이디어는 가칭 WalkAnalytics로, 매장 방문자와 관련된 빅데이터를 자동으로 수집하고 처리해주는 것이었다.

　인천공항에 근무하는 지인에게 "공항 내 방문자 분석이 엉망이고, 면세점 등 대형 매장들조차도 3개월에 한 번씩 아르바이트생을 활용해서 방문자 통계를 주먹구구로 추산한다"고 들었다. 살펴보니 해외의 유사한 사례도 있었다. 회사의 IT 역량이 멋지게 개입할 수 있는 좋은 영역이었다. 최시원은 이거다 싶었다.

　구체적으로 어떻게 서비스를 만들지 고민하던 중 기회가 찾아왔다. 한 스타트업 액셀러레이터에서, 애드바이미가 데모데이에 참가해줄 것을 권유했다. 그러나 신선한 아이디어를 보여줄 수 있는 모처럼의 기회였기에 애드바이미 대신 WalkAnalytics로 참가하기로 전격적으로 결정했다. 피버팅(pivoting, 사업 모델 전환)의 시작이었다.

문제는 시간이었다. 갑작스런 방향 선회에 데모데이가 열리기 불과 2주 전에서야 개발팀이 본격적으로 개발하기 시작했다. 기본 기술은, 매장 내 공유기의 펌웨어를 수정해서 무선 신호를 쏘는 공유기 본래의 용도를 무선 신호를 받는 용도로 전환시키는 것이었다. 준비 과정에서 이름이 너무 어렵다는 의견에 워크인사이트(Walk Insights)로 이름을 변경했다.

배수진을 치고 밤새워 노력한 결과, 행사 3일 전에 데모 버전이 완성되었다. 개발진도 스스로 놀랐지만, 안도의 한숨을 내쉰 쪽은 오히려 주최 측이었다. 행사 당일에 임박한 변경은 인쇄물이나 행사 진행 등 여러 문제를 야기할 수도 있기 때문이었다.

모두가 고생한 보람이 있었는지, 워크인사이트는 데모데이에서 기대 이상의 각광을 받았다. 관심을 보이는 관계자들도 많았고, 아이디어의 참신성과 실용성은 물론, 무엇보다 짧은 시간에 실제로 동작하는 데모 제품을 만든 실행력에서 좋은 점수를 받았다.

・・・・

긍정적인 평가도 많았고 오랜만에 분위기도 좋아졌다. 데모데이 호평 이후, 자신감을 얻은 최시원과 김재홍은 워크인사이트를 실제로 테스트할 수 있는 파일럿(견본) 매장을 물색하기 시작했고, 많은 매장을 보유한 브랜드의 매니저들이나 현장의 점장들을 만나고 다녔다. 애드바이미 초창기처럼 바닥부터 다시 시작했다.

새로운 희망을 현실화하려는 노력이었지만, 이 와중에도 애드바이미를 어떻게 정리해야 하는지, 제한된 리소스는 어떻게 배분할지 등 현실적 고민은 깊었다. 신규 사업에 대한 확신은 점점 강해졌지만, 실행을 위한 인적, 금전적 부족이 큰 부담이었다.

현실적 고민이 깊어가던 2013년 늦가을, 중소기업청에서 스타트업 진흥을 위해서 실시하는 TIPS(Tech Incubator Program for Startup) 프로그램에 초대받았다. 우수 스타트업을 경쟁을 통해 발굴하고, 투자사와 정부가 투자금을 매칭해주는 프로그램이었다.

당시에는 "투자사가 1억 원 이상을 투자하면 정부가 최대 5억 원까지 매칭해 최대 6억 원의 자금을 받을 수 있다"고 들었기에 만사를 제쳐두고 열심히 준비했다. TIPS 초창기라 비교적 소수의 팀이 참가했고, "참가 팀이 총 13팀인데, 12팀을 선발할 예정이다"는 소문도 있었기에 합격은 따 놓은 당상으로 보였다.

그러나 운명의 신은 가혹했다. 워크인사이트는 탈락했다. 13개 팀 중 13위라는 의미였다. 전혀 예상치 못한 결과였다.

• • • •

TIPS 탈락의 여운이 아직도 남아 있던 2014년 1월, 최시원과 김재홍은 큰 결정 하나와 의외의 결정 하나를 내렸다.

큰 결정은, 워크인사이트만을 위한 신규 법인을 설립하기로 한 것이었다. 새 술은 새 부대에 담으랬다고, 신규 사업을 의욕적으로 추진하기 위해서는 신규 법인이 모든 면에서 효율적이라고 판단했다.

의외의 결정은 대표이사의 교체였다. 김재홍이 물러나고 최시원 CTO가 대표이사를 맡기로 결정했다.

전격적인 대표이사 교체를 요구한 것은 최시원이었다. 워크인사이트 상용화 과정에서 현실적인 어려움에 봉착했기 때문이었다.

워크인사이트가 제대로 작동하려면 공유기를 매장마다 적절하게 설치해야 하는데, 공유기 설치 공사비가 예상보다 훨씬 과다했고 매장마다 상황도 달랐다. 해결책은 자체 센서를 제작하고 매장과 협상해 비용을 낮추는 것이었다. 그런데 CTO인 최시원이 관련된 모든 실무를 담당하고 있었고, 이를 위해서는 신속한 의사 결정과 자금 집행 등 대표이사의 전권이 필수적이었다.

당시 회사의 가장 중요한 우선순위가 워크인사이트라고 판단한 최시원은 김재홍에게 본인이 대표이사를 맡겠다고 제안했다.

애드바이미를 성공시키지 못한 김재홍은, 어느 정도의 자책감과 아울러 신규 법인 대표로서의 역량 한계를 느끼고 있었다. 애드바이미와 달리, 워크인사이트는 센서 등 하드웨어 관련 기술의 비중도 높았는데, 냉정히 말해 본인은 문외한이었다. 그의 주요 역량은 사업 기획이나 사업 개발 쪽이었기에 최시원의 제안에 오히려 안도감이 들었다.

다른 무엇보다 최시원에 대한 강한 신뢰가 있었다. 또한 본인이 회사 성장에 걸림돌이 되어서는 안 된다는 생각과 함께, 우선 새로운 분야에 대해 공부할 시기라고 판단했다.

집안 어른들은 대표 직함에 대한 자부심이나 기대가 없지 않았는지 "꼭 그 방법밖에 없는지, 공동 대표로 하면 어떻겠냐"는 등의 조언과 염려를 하기도 했으나, 결국 취지에 공감하고 응원했다.

회사 성공을 위해서 누구든 더 적합한 사람이 대표를 맡으면 된다고 합의했다. 두 사람은 지난 3~4년간 같이 일했지만 그 시간이 부족했고 사업 하나를 검증하기에도 짧았다는 데 공감하고, 누가 대표가 되든지 앞으로 최소 10년은 같이 일하자고 결의했다.

••••

신규 법인의 이름은 조이코퍼레이션(ZOYI Corporation).

자금 마련을 위해 초기 단계 벤처캐피털에 접촉했고, 결국 본엔젤스와 패스트트랙아시아에게서 3억 원의 투자금을 유치했다. 덕분에 2014년 봄부터는 워크인사이트에 온전히 진력할 수 있었다.

투자금 중 1억 원은 자체 센서 제작에 특별히 투자했다. 기존의 공유기를 해킹한 센서는 네트워크를 유선으로 연결해야 했기에 시공비가 100만 원 이상 나갔다. 자체 센서는 레일조명의 레일에 바로 끼워지기도 했고 무선으로 동작해서 시공비가 거의 들지 않았다.

2014년 6월부터는 자체 센서를 가지고 본격적인 영업에 집중했다. 저비용인 자체 센서의 간편한 설치를 기반으로, 데이터와 성장을 중시하는 핵심 클라이언트들을 유치했다. 2014년 연말에는 총 200여 개의 매장에 워크인사이트를 설치하는 성과를 이뤘다.

물론 클라이언트 유치가 쉽지만은 않았다. 스스로 잘한다고 믿는 업체들일수록 변화에 둔감했고, 합리적 의사 결정을 도와주는 워크인사이트를 도입하는 데 검토가 느렸다. 글로벌 시장의 B2B 솔루션 회사들을 살펴보니,

클라이언트들이 늘어나 필수적 솔루션으로 인정받을 때까지 3~4년이 걸린다는 사실을 깨달았고, 꾸준한 클라이언트 확보와 제품 개선에 집중했다.

꼴찌의 굴욕을 안겨줬던 TIPS에 재도전하여 당당하게 합격했고, TIPS로 5억 원의 정부 자금을 유치함으로써 좀 더 안정적으로 사업에 매진할 수 있었다.

‥‥

모 벤처캐피털의 심사역이 갑작스레 방문한 것은 워크인사이트가 지속적으로 성장하던 2014년 10월이었다.

그는 조이와 워크인사이트를 극찬하면서, 본엔젤스의 투자 조건보다 4~5배 높은 가치 평가는 거뜬할 것이라고 강조했다. 본엔젤스가 투자한 지 1년도 안 된 시기라 믿기 힘들었지만, 너무 확신했기에 혹시나 싶어 예정에 없던 IR(investor relations)을 시작했다. 하지만 역시나 그의 확신과는 다르게, 해당 벤처캐피털의 투자심의위원회를 통과하지 못했다.

자금이 급하진 않았지만, 이미 IR을 시작한 상태였고 추가 자금으로 성장을 앞당길 수 있는 것도 확실했다. IR에 적합한 시점처럼 느껴졌다.

그럼에도, IR 활동은 제품 개발 및 영업과는 상당히 다른 업무이기에 고민도 많았다. 증가하는 클라이언트와 쏟아지는 제품 개선 업무로 바쁜 와중에, 김재홍은 아내의 출산까지, 최시원은 결혼까지 임박해 있었다.

결국 새로운 벤처캐피털은 만나지 않고, 기존에 만났던 몇 군데 벤처캐피털에만 IR을 하기로 결정했다. 그리고 가치 평가 등의 조건보다 본엔젤스처럼 대화가 잘 통하는 곳을 선택하리라고 마음을 먹었다.

한국투자파트너스의 심사역을 만난 2014년 11월, 미팅 직후 최시원은 바로 결심했다. 내색은 하지 않았지만, 그와는 서너 시간 계속 대화할 수 있을 것 같았다. 이듬해 2월 한국투자파트너스와 아주IB투자로부터 20억 원의 투자를 유치했다.

하지만 '사람'을 중요시한 투자 파트너 선택의 결과는 황당했다. 투자 마무리 직후, 그 심사역이 다른 회사의 경영진으로 떠나버렸다. 물론 이후 변경된 담당자가 조이를 잘 챙겨줬지만, 투자 결정의 요인 하나가 없어진 것이었다.

담당자도 중요하지만, 합리적 대화만 된다면 조건 중심의 선택도 괜찮았을 것이라는 반성을 했다.

····

초기 투자 유치를 통한 워크인사이트 가능성의 증명. 우여곡절 끝에 유치된 추가 자금을 통한 좀 더 빠른 성장. 2015년 연말에는 워크인사이트가 1,300개소의 국내외 매장에 설치됐고, 매장 근처의 유동 인구부터 매장 내 고객들의 행동까지 자동으로 분석했다.

5년이 넘었다. 의기투합, 멋진 출발, 생존하기 위한 치열한 사투, 그리고 피벗. 창업자들이 단순하게 생각했던 '기술 기반의 스타트업'이 한국에는 흔하지 않은 '멋진 글로벌 B2B 솔루션 회사'로 발전하기 위한 발판을 마련하는 데 5년이 넘게 걸렸다.

　길었던 인고의 시간들이 도약을 위한 움츠림이었을까, 이후에는 신규 솔루션의 론칭, 일본 시장에 도전하기 위한 일본계 벤처캐피털의 자금 유치까지 조이의 꾸준한 성장이 기다리고 있었다.

START
UP

업

- 창업
- 사업 계획
- 실행과 멈춤
- 사업별 조언

창업

아무런 준비도 없이 창업한다는 것은 왠지 무모하지 않을까? 분명히 뭔가 준비해야 할 것 같은데, 과연 무엇을 어떻게 준비해야 할까?

스타트업과 관련된 여러 행사들을 다녀봐야 할까? 학원에 다녀야 할까? 아니면 창업자들을 돕는다는 여러 기관들을 알아봐야 할까? 정부 정책이나 과제를 알아봐야 할까?

창업!

최근 스타트업 생태계가 풍성해지면서 스타트업 지원을 위한 여러 기관이나 정책, 창업자의 성장을 촉진하는 액셀러레이터, 심지어 창업 관련된 학과, 혹은 학원도 생기고 있다. 창업자들마다 상황이 다르기 때문에 본인에게 적합한 곳의 지원을 받고, 스타트업 창업을 차근차근 준비하는 것은 바람직하다.

하지만 사전 준비가 누구에게나 필수적인 것 같지는 않다. 어쩌면 특별한 준비 없이 작은 규모로 창업을 해서 빠르게 경험하는 것이 누군가에게는 맞는 방법일 수 있다. 스타트업 성공은 비정형적이지 않은가. 그럼에도 창업 전에 반드시 고민해야 하는 것이 있다.

창업의 이유

스타트업 창업자보다 스타트업에서 일하는 사람이, 스타트업에서 일하는 사람보다 중견기업, 대기업에서 일하는 사람이 많은 것은 당연하다. 사회적으로 굳이 많은 사람이 창업할 필요는 없다. 창업은, 또한 창업자가 스타트업을 성장시키는 것은 절대 녹록한 일이 아니며, 대부분 스타트업은 실패한다.

그렇기에 창업 전에 창업을 왜 해야 하는가에 대한 숙고는 필수다.

예를 들어, 거창한 이유 없이 돈을 벌겠다는 단순한 이유로 창업하는 것도 필자는 괜찮다고 생각한다. 다만 스타트업이 돈을 벌기에 좋다는 착각은 버리면 좋겠다. 성공은 소수가 한다. 그렇기에 돈을 벌겠다는 이유로 창업한다면, 정말 독하게 작정하면 좋겠다.

대부분 창업을 하는 자연스러운 이유는, 창업자가 인식한 문제를 해결하기 위한 것이다. 창업자가 세상의 무언가에 문제나 불편을 느끼고, 그 문제나 불편을 해결하기 위한 효과적인 방식 중의 하나로 창업을 선택하는 것이다. 즉, 해결하고자 하는 문제나 불편이 없는데, 또한 명확한 이유도 없는데 창업하는 것은, 뭔가 앞뒤가 맞지 않은 결정인 듯하다.

실패에 대한 각오

스타트업의 평균은 실패다. 따라서 창업자에게는 실패에 대한 어느 정도의 각오가 필요하다. 이는 '실패해도 괜찮아'와 다르다. 실패를 하지 않겠다는 결의와 가깝고, "비록 실패해도 얻을 것이 있다"라는 믿음에 가깝다. 스타트업을 하는 동안에는 최선을 다해서 임해야 실패를 하더라도 배울 수 있고, 그 결과를 후회하지 않는다.

중단의 조건

특정 기간과 자금 소요를 정해놓고, 그때까지 본인이 목표한 바를 이루지 못할 경우 사업을 접겠다는 조건을 창업 전에 정해놓아야 한다.

사업을 하다보면 대부분 예상보다 시간은 많이 걸리고, 자금은 더 많이 필요하다. 그보다 더욱 심각한 문제는, 사업을 하면 항상 조금만 더하면 뭔가 이룰 수 있을 것 같은 느낌이 든다는 점이다. 조금만 더, 조금만 더, 이런 상태가 반복되고, 결국 감당하기 힘든 수준의 시간과 자금을 쓰게 된다. 그리고 창업자는 다시 사회생활을 하기 힘들 정도의 경제적 어려움과 정신적 고통을 겪게 될 수도 있다. 세상의 어떤 창업자도 재기 불가능한 수준의 실패를 원하지는 않았을 것이다.

그렇기에 창업 이전에 기간, 자금, 목표 등을 정하고, 공동 창업자들끼리 합의할 뿐만 아니라 가급적 자신의 가족에게도 공유할 것을 강력하게 권한다. 말을 뱉어둬야만, 창업자의 브레이크로 작동할 수 있다.

창업의 이유, 실패에 대한 각오, 중단의 조건. 물론 이런 사항들이 절대 불변의 사항이라기보다는 사업을 진행하는 과정에서 변할 수 있다고 보는 것이 합리적이다. 그럼에도 정해놓고 변하는 것과 변할 수 있기 때문에 정하지 않는 것은 완전히 다르다.

창업한다면, 모든 것을 끊어라 ▼

사람들은 몰입의 중요성을 간과한다. 2가지 일을 동시에 2시간씩 4시간 하는 것보다, 1가지 일을 4시간 몰입하는 것이, 1가지는 포기하게 되지만, 다른 1가지는 2배를 넘어서 3~4배 생산적일 수도 있다는 점을 간과한다. 선택보다 중요한 것이 포기라는 지혜를 쉽게 잊어버린다.

창업을 선택했다면, 자신의 전력을 다할 것을 결심해야 한다. 창업과 동시에 무언가 할 수 있다고 믿는 것은, 어느 하나도 못할 가능성이 높다. 창업을 한 순간부터 스타트업의 성공에만 몰입하는 것은, 성공의 가능성을 높이기 위해서, 그리고 무엇보다 본인의 성장을 위해서 필수적이다.

사람들은 종종 하고 싶은 일을 하는 것과 절실하게 믿고 실행하는 것의 차이를 간과한다. 창업의 시작은 하고 싶은 일을 하는 것일 수도 있지만, 성공으로의 도전은 절실하게 믿고 실행함으로써 비로소 시작된다. 절실한 믿음과 실행은 전 세계 누구에게나 똑같이 주어지는 하루 24시간 동안 선택과 집중, 그에 따른 포기를 요구한다.

친구? 사회생활? 평생 친구가 될 사이라면, 스타트업에 몰입하는 기간에 만나지 않아도 결국 친구로 남는다. 적당한 사회적 관계보다 스타트업을 함께하는 사람들과 느끼는 끈끈한 동지애가 더 좋다는 점도 깨달을 것이다. 배우자까지 끊을 수는 없겠지만, 부모님도 이해해줄 것이고 형제자매도 마찬가지일 것이다.

인생에서 가장 중요한 선택 중 하나인 창업을, 기존 직장과 함께 파트타임으로 도전하는 사람들이 더러 있다.

파트타임으로도 일해보고, 풀타임으로도 일해본 사람들이 공통적으로 하는 말이 있다. 그것은 파트타임으로 일하면서 얻었던 배움의 대부분을 창업에 전념하면서부터는 순식간에 배울 수 있었다는 점과, 파트타임일 때 보이지 않던 새로운 것들이 창업에 전념하는 순간부터 보이기 시작했다는 점이다.

파트타임이 아니라 풀타임으로 몰입할 때의 생산성 증가는 앞에서 강조했는데, 더욱 중요한 점은 풀타임으로 전념할 때, 절박한 심정으로 매달릴 때, 배수진을 쳤을 때, 그때 새로운 길이 보이고, 이것이 성공의 초석일 수도 있다는 점이다. 하늘은 스스로 돕는 자를 돕는 것이다.

그렇기에 직장을 다니면서 창업을 준비하는 경우에도 공동 창업자 중의 1명은 반드시 풀타임으로 준비해야만 한다.

업무 역량, 공동 창업 팀의 역량 등을 제외한다면, 창업 이전에 준비하는 것들이 크게 도움이 되지 않을 가능성이 높다. 실제로 창업을 해봐야만, 전념을 하기 시작해야만 보이는 것들이 많기 때문이다.

그리고 그제서야 스타트업 생태계를 구성하는 다양한 주체들의 가치가 보인다. 스타트업 지원 기관, 액셀러레이터, 정부 과제, 벤처캐피털, 스타트업을 위한 공간. 이런 것들은 그것들의 가치를 인식하고 느끼기 시작할 때 찾아도 무방할 수 있다.

창업에 적합한 나이 ▼

창업에 적합한 나이가 있는지 질문하는 사람들이 간혹 있는데, 창업에 적합한 나이라는 것은 존재하지 않는다. 각자의 삶은 다르고, 스타트업 성공은 비정형적이기 때문이다.

다만 연령에 따른 스테레오타입(stereotype)에 따라서 창업과 관련된 상황이 어떻게 달라지는지 한 번 알아보는 것은, 창업자가 개개인의 상황에 따른 주의점을 고민하는 데 도움이 될 것 같다.

20대, 예를 들어 대학생이나 대학원생 창업을 생각해보자. 잃을 것은 많지 않은 반면, 무엇을 하든지 최소한 경험은 얻을 수 있다. 2~3년 남들보다 늦다고 대단히 많은 것을 잃어버리는 것은 아니다. 그렇기에 비교적 리스크가 작은 편이다. 절대 흔하진 않지만, 굉장히 큰 성공을 거두는 스타트업은 20대 창업에서 나올 가능성이 높다.

20대 창업의 장점은 기존의 관성에 젖어 있지 않다는 점이다. 기술이 변하고 사람들의 삶이 변했음에도 기성세대는 이를 인식하지 못한 채 습관처럼 살아간다. 과거에는 합리적인 것이, 새로운 시대에는 비합리적일 수도 있다. 젊은 세대는 기존의 틀에 대한 익숙함이 없기 때문에, 기존의 비합리적인 것에 자연스럽게 저항하게 된다.

그래서 20대 창업은 기성세대에게는 무모하게 보일 수 있으며, 그 무모함 덕분에 성공한다면 크게 성공한다.

20대 창업의 단점은 실패가 평균인 스타트업 업계에서도 실패 가능성이 더욱 높다는 것이다. 전문 영역에서의 역량과 경험이 충분하지 않고, 사업 계획의 어설픔뿐 아니라 실행력 또한 낮을 것이므로 극단적으로는 거의 다 망한다고 볼 수도 있다.

명문대 공대생들이 창업할 기회를 많이 잡을 수 있지만, 그들이 창업하더라도 성공 가능성이 더 높지 않은 것도 마찬가지다. 학습력과 실행력이 다소 괜찮을 수 있지만, 경험이 부족하고 사업 계획에 대한 치밀한 통찰력이 약한 것은 학벌과 무관하다.

따라서 20대에 창업을 하려면, 적어도 스타트업의 인턴 혹은 직원으로 일하면서 최소한의 경험은 쌓기를 추천한다. 또한 창업 경험이 있는 선배나 투자자의 조언을 듣기 위해 의도적으로 노력하는 것도 추천한다.

마지막으로, 20대 창업자 중에 "나에게 맞는 회사가 없기 때문에 창업한다" 혹은 "갈 회사가 없어서 창업한다"고 말하는 경우가 있다. 그럴 수도 있겠지만, 다소 위험한 발상이다. 창업은 직장 생활과는 전혀 다른 삶인 것이지 대체재의 개념이 아니기 때문이다. 본인에게 맞는 회사를 찾는 것도 쉽지 않은 과정이기에 노력과 시간을 더 들여 회사를 찾는 것이 맞다.

····

가족이 있고, 전문 영역에서 커리어를 쌓아온 40대 이상의 창업자를 생각해보자. 40대 이상의 창업자는 안정적으로 사업을 운영하고자 하는 욕구가 강한데, 이는 당연하다. 40대 이상은 30대와 다르게 대기업, 중견기업으로 재취업할 가능성이 낮다. 20대는 월급 100만 원으로도 생활이 가능할 수도 있지만, 40대 이상은 거의 불가능하다.

창업 시점부터 본인이 쌓아왔던 역량, 경험, 인맥, 노하우, 유무형의 자산을 바탕으로 사업 계획과 실행을 세부적으로 깊이 고민해야만 한다. 20대는 실패한 후에 많이 배웠다고 자위할 수 있지만, 40대 이상은 그럴 수 없기 때문에 실패를 줄이는 쪽으로 생각을 다듬어야 한다.

40대 이상의 창업자에게 보이는 안타까운 단점은, 아는 것이 너무 많다는 것이다. 사업을 하다보면, 과감하게 저지르고 수습하는 과정에서 성공의 단초들을 줍는 경우가 있다. 창업자가 알고 있는 지식,

법적인 검토, 도의적이거나 사회적인 고민 등과 같은 많은 고려 사항들로 인해 의사 결정을 못하거나, 실행이 늦어지거나, 혹은 과도한 비용이 나가는 경우가 의외로 많다.

창업자 스스로 가슴에 손을 얹고 괜찮은 것 같으면, 일단 해보는 것도 나쁘지 않다. 스타트업 자체가 시행착오를 통한 학습의 과정이다.

40대 이상의 창업자들 중에는 20대 혹은 30대 초반 엔지니어들과의 네트워킹을 하기 어렵다면서 20대 창업자들을 부러워하는 경우가 있다. 나이와 전문 영역의 차이가 있으면 네트워킹을 하기 어려울 수 있다. 그런데 20대 창업자들은 30대 중반의 경험 있는 인재들을 만나고 싶어 하는데, 이 역시 어려운 일이다. 그렇다. 필요한 사람들을 만나는 네트워킹은 원래 어렵다. 성공이 어렵듯이 의도적으로 노력을 기울여야만 한다.

사업을 실행하는 데 실행의 방향과 속도 모두 중요한데, 연령별로 정도의 차이는 있다. 20대는 속도를 좀 더 중시하고, 40대 이상은 방향을 좀 더 중시할 수 있다.

체력, 몰입 등이 상대적으로 뛰어난 20대는 실행을 좀 더 빨리 할 수 있다. 다만 창업자의 실행 속도로 사업이 유지되는지 한 번씩 돌아봐야 한다. 20대도 결국 나이를 먹으므로 속도에 따른 효율성만으로는 성공에 이르기 쉽지 않다.

40대 이상은 역량과 경험을 토대로 시행착오를 덜 겪는 방향을 상대적으로 잘 설정할 수 있다. 다만 방향에 대한 고집이 아집이 되지 않도록 세상의 목소리에 항상 귀를 기울여야만 한다.

누군가는 30대 창업에 대한 질문을 할 수도 있겠다. 30대 창업은, 앞서 설명한 20대 창업의 특성에 가까운지, 아니면 40대 이상 창업의 특성에 가까운지를 고민해보면 어떨까?

정확하게 표현한다면, 스타트업 성공은 비정형적이라 연령에 따른 구분은 무의미하다. 각자의 삶은 칼로 두부를 자르듯이 재단할 수 없다. 창업자들마다 처한 환경도 다를 수 있다. 그렇기에 연령에 따른 창업을 고민하는 것보다는, 앞의 설명을 토대로 본인과 본인을 둘러싼 환경을 객관적으로 바라보는 기회를 가지면 좋겠다.

사업 계획

대부분 창업자들이 창업을 결심하면, 의식적으로든 혹은 무의식적으로든 사업 계획을 세우게 된다. 사업 계획서의 형식이나 참고할 만한 예문을 알아보기도 하며, 시장 조사를 시작하기도 하고, 함께 창업할 사람을 찾기도 하며, 자금에 대한 고민과 함께 저렴한 사무실을 알아보기도 한다.

사업 계획은 사업의 출발점처럼 보인다. 사업 계획의 실제는 어떨까?

사업 계획 ▼

사업 계획에 관해 단 하나 확실한 점이 있다면, 사업 계획대로 진행되는 사업은 절대 없다는 것이다. 스타트업 투자 경험이 많은 투자자들이 공통적으로 언급하는 사항이기도 하다. 그렇다면 사업 계획은 왜할까?

사업 계획의 핵심은 창업자 스스로의 생각을 정리하고 시행착오의 기준점을 만들어준다는 것이다. 시행착오의 기준점이 없다면, 시행착오를 통한 배움은 없고, 앞으로 나아갈 수도 없다. 사업 계획 시의 믿음과 가정 중에서 어떤 것이 맞았고, 어떤 것이 현실과 맞지 않은지 명확히 검증해야 한다. 그래야 다음 단계에 어떤 전략과 계획으로 접근해야 할지 알 수 있고, 결과적으로 실패 가능성을 조금이라도 줄일 수 있다.

사업 계획이라는 나침반이 없으면 창업자들은 망망대해를 떠도는 것처럼 사업을 하는 것과 같다.

믿음과 가정은 단계적으로 검증되고, 사업도 단계적으로 발전하는 경향이 있기 때문에 사업 계획은 사업이 진행됨에 따라서 지속적으로 업데이트되어야 한다. 어떤 문제가 해결되는 순간 사업이 전혀 다른 수준으로 발전하는 경우도 있기 때문에 더더욱 사업 계획 또한 변화하고 발전해야 한다.

예를 들어, 소셜커머스의 처음이 어땠는지 기억하는가? 최초 소셜커머스는 레스토랑, 공연 등의 예약을 원하는 소비자들의 트래픽(물량)을 공급자에게 몰아주고, 소비자들에게 큰 할인율의 쿠폰을 제공하는 것이었다. 지금은 어떤가? 물론 지금도 할인 쿠폰을 여전히 제공하지만, 지금은 온라인 쇼핑의 모습에 더 가까울 것이다. 쿠팡, 티몬, 위메프 등은 인터파크, 지마켓, 신세계몰 등과 유사한 모습이다.

소셜커머스의 발전 과정 중에 사업 계획이 수십 번은 업데이트되었을 것이며, 수백 개 이상의 믿음과 가정을 검증했을 것이 분명하다.

사업 계획은 각 단계에서 반드시 풀어야 할 문제들에 집중해야 하고, 그것들을 풀기 위한 가정과 조건들을 다루어야 한다. 또한 다음 단계로 발전할 경우 어떤 형태로 사업이 확장될 수 있을지도 담고 있어야 한다. 사업 계획이 실행됨에 따라 그러한 가정과 예측들이 지속적으로 검증되면서 사업이 전진하는 것이다.

많은 사람들이 사업 계획서의 형식에 대해서 궁금해한다. 특히 창업이 처음이라 사업 계획서를 써본 적이 없던 창업자라면, 더욱 궁금해한다. 필자는 세쿼이아 캐피털(Sequoia Capital)의 'Writing a Business Plan' 섹션을 추천하기도 한다.

그런데 많은 창업자가 저지르는 흔한 실수가 여기서 나타난다. 사업 계획서의 형식만을 참고해서 쓰는 것이다. 사업 계획서 형식에 따라서 내용을 채우는 것이다. 반은 맞지만, 반은 틀렸다. 형식보다 중요한 것은 내용이다. 사업 계획의 형식적 요소들이 왜 그렇게 구성됐는지 반드시 고민을 해야 한다. 왜 시장에 대해서, 왜 팀과 경쟁에 대해서, 왜 자금에 대해서, 왜 시대의 변화에 대해서 쓰는 것이 필요한지 고민해야 한다.

형식은 사업 계획의 필수 요소들을 효율적으로 알려줄 수 있지만, 창업자가 형식에 대한 고민이 없다면 내용을 채워도 알맹이 없는 사업 계획서가 될 가능성이 높다. 제목과 내용이 따로 노는 것이다.

보다 근본적으로, 사업에 대한 깊은 고찰이 모든 계획에 우선한다. 깊은 고찰을 문서로 표현하는 결과물이 사업 계획서인 것이다. 깊은 고찰은 사업에 필수적인 사항들을 모두 포함하게 되며, 그러면 형식과 별개로 사업 계획서가 훌륭할 수 있다. 성공 가능성이 높아질 수 있다.

업과 업에 부합하는 팀 ▼

창업에서 팀의 중요성, 공동 창업의 이점 등은 앞서 살펴봤다. 뿐만 아니라 팀은 사업 계획의 필수 요소이기도 하다. 창업자는 사업 계획과 동시에 본인을 포함해 해당 사업에 필요한 구성원을 상상하기 시작한다. 주변 지인들 중에 함께하면 좋을 사람과 대화를 해보기도 하고, 주변에 없다면 어떻게 찾을지도 고민한다.

또한 팀을 꾸리는 것은 절대적으로 시간이 많이 걸린다. 그렇기에 사업 계획과 동시에 혹은 창업 결심 이전부터 고민하고 실행하는 것이 맞다.

팀을 구성할 때 유의할 점은 업에 부합하는 팀이어야 한다는 것이다. 개별적 사업마다 필요한 역량과 경험이 다르기 때문에 어쩌면 너무 당연한 이야기다.

그런데 많은 창업자를 만난 필자의 경험으로 유추해보면, 업의 본질이 무엇인지, 그렇다면 실행을 위한 핵심 역량과 경험은 어때야 하는지, 창업자 본인이 갖춘 것은 무엇인지, 그래서 추가로 필요한 요소와 팀의 구성은 어때야 하는지, 그런 인재는 어떻게 구할 수 있을지 등에 대한 고민의 깊이가 얕은 경우가 의외로 많다.

팀을 우선 구성하고 그에 부합하는 사업을 찾는 것도 괜찮을 수 있는데, 이 경우에도 팀의 역량을 객관적으로 보기 위해 노력해야만 한다. 그래야 업과 업에 부합하는 팀을 구성할 수 있기 때문이다.

추가로 업에 부합하는 팀을 구성해야 한다는 조언은, 무조건 좋은 사람을 찾는 것을 지양해야 한다는 의미도 포함한다.

학습력과 실행력이 강하고 역량이 뛰어나며 경험이 많은 좋은 사람들과 함께하는 것은 중요하다. 실행이 아이디어보다 더 중요하다고 말하는 사람도 많다. 탁월한 실행력은 실패하더라도 뭔가 남게 한다. 큰 성공은 아니라도 일정 수준 이상의 성과를 거둘 수 있게 한다.

그럼에도 극단적으로 말하면, 슈퍼맨들이 모인다고 성공하지는 않는다. 큰 실패는 하지 않을 수 있지만, 큰 성공도 힘들 수 있다. 슈퍼맨들이 모이면, 너무 다양한 기회가 보일 수 있기 때문에 선택과 집중을 하지 못할 가능성이 있다. 서로 다툴 수 있고, 몰입이 약해질 수 있다. 절박하지 않을 수도 있다. 그래서 의외로 큰 성공을 거두지 못하는 경우가 많다.

추구하는 사업의 핵심을 수행할 수 없을 정도의 팀이면 곤란하겠지만, 좋은 사람이 너무 넘치는 팀이어서도 곤란한 것이다. 그래서 사업 계획에 따라 업에 부합하는 팀을 구성하기 위해서 노력해야 하고, 팀의 구성과 더불어 사업 계획을 업데이트해야 한다.

사업 계획으로 설득하기 ▼

　사업 계획은 창업자에게 시행착오의 기준점이자 항해를 위한 나침반으로, 지속적으로 업데이트되어야 한다.

　이와 더불어 사업 계획은 다양한 이의 도움을 받기 위한 것이기도 하다. 도움을 받기 위해서는 무슨 일을 하는지, 해당 사업을 통해서 세상이 어떻게 변하기를 바라는지 먼저 설명하는 것이 자연스럽기 때문이다.

　이런 측면에서 창업자는 사업 계획서를 투자를 받기 위한, 즉 투자자들이 창업자를 도와달라는 목적으로 쓰기도 한다. 흔한 문제는, 많은 창업자가 투자자들이 바라는 모습으로 사업 계획서를 써야 한다고 착각한다는 점이다. 본말전도인 셈이다.

　사업 계획서는 사업에 대한 창업자의 생각, 가정, 실행 방안 등을 담는 것이다. 사업 계획서가 투자를 받기 위해 사용되지만, 이것이 주된 목적이 아니다. 투자를 받기 위한 목적만으로 사업 계획서를 쓰는 것은 틀렸다.

　투자자들은 기본적으로 사업 계획서를 요청한다. 사업 계획에 담겨 있는 창업자의 믿음과 생각의 흐름이 투자 검토 사항 중 하나다. 사업 계획대로 진행되는 사업은 없다는 점을 투자자들은 잘 알고 있기에 창업자의 주장을 모두 믿지는 않는다. 또한 경험 있는 투자자는 즉흥적으로 투자를 결정하지 않고, 창업자와 교류하는 기간을 가진다. 이 때문에 투자자가 혹할 만한 사업 계획으로 한 번 설득되더라도 끝까지 현혹되기는 쉽지 않다.

그렇기에 투자자를 위한 사업 계획서를 만드는 것은 시간 낭비다. 창업자가 스스로 믿는 사업 계획서를 쓰며, 그에 따라서 실행하고, 투자자에게는 있는 그대로 보여주는 것을 권한다. 물론 있는 것을 좀 더 잘 포장하는 것은 유의미하겠지만, 혹시 아는가, 창업자의 풋풋함이 노련한 투자자의 눈길을 더욱 끌게 될지 말이다.

사업 계획의 전부 혹은 일부를 공동 창업자나 핵심 인재들의 합류를 설득하기 위해서 공유할 수도 있다. 또한 사업 제휴를 설득하기 위해서도 일부 활용할 수 있다. 이 경우에도 창업자의 믿음에 토대를 둬야 하는 것은 당연하다.

추가로 고민하면 좋을 사항은, 사업 계획의 요소들을 포함한 스토리텔링(storytelling)이다. 전달하고자 하는 명확한 메시지를 가지고 마치 하나의 이야기를 완성하듯이 스토리라인(story line)을 만드는 것이 중요하다.

이를 위해서는 창업자의 마음속 깊은 곳에 있는 솔직한 이야기가 담겨 있어야 한다. 창업자가 왜 창업했는지, 세상의 어떤 문제를 풀고 싶은지, 계기가 무엇이었는지, 도전은 무엇이고 자신감은 어디서 나오는지 등등. 사업에 대한 깊은 성찰이 있어야 솔직한 이야기를 담을 수 있다.

그리고 사업 계획의 핵심 요소를 포함한 자신만의 스토리를 한 문장, 한 단락, 30초 분량의 스피치, 15분 전후의 발표 등으로 연습해보기를 권한다.

개인적인 경험인데, 어떤 행사에서 옆자리에 앉았던 한 스타트업 대표에게 "무슨 일을 하세요?"라고 질문을 했는데, 본인이 하는 사업을 정말 조리 있게 한 단락으로 설명해서 인상 깊었던 적이 있다. 행사 때문에 많은 대화를 나눌 수는 없었지만, 필자는 확실히 해당 회사를 기억하게 됐다.

스타트업은 정말 많은 도움을 필요로 한다. 그런 도움이 언제 어떤 기회로 찾아올지 모르기 때문에 자신의 스토리를 이야기하는 연습은 필수적이다. 또한 연습하면서 사업 계획의 설득력이 높아지기도 한다.

끝으로, 창업자는 사업 계획을 토대로 투자자를 비롯한 타인을 설득하는 과정에서 수많은 불신과 비평에 시달린다는 점을 기억하자. 믿어주는 사람은 극소수일 것이다.

불신과 비평의 이유를 고민하고, 타인의 의견을 경청하는 과정은 중요하다. 그 과정에서 사업 계획이 탄탄해지기도 한다.

하지만 믿지 않는 사람이 많다고 낙담하지 말자. 많은 사람이 잘될 것이라 말하는 사업은 오히려 큰 성공을 거두지 못하는 경향이 있다.

창업자가 확신하지만 대다수 사람들이 손가락질하는 사업이 차라리 크게 성공할 수 있다. 보다 본질적으로, 스타트업의 성패는 비평과는 별개다.

실행과 멈춤

커다란 포부를 안고 스타트업을 시작하면, 대부분 사업의 실행에 몰입한다. 창업자는 성공을 위해서 치열한 실행에 몰입하고, 시행착오를 통해 학습하면서 조금씩 앞으로 전진한다.

그런데 보통 실패하게 마련인 스타트업은 언제 멈춰야 하는 것일까? 돈이 떨어지면 멈추는 것일까? 돈이 떨어져도 어떻게든 버텨야 하는 것일까? 창업 전에 정해둔 중단의 조건에 맞으면 멈춰야 하는 것일까?

사업은 단계적 검증 과정이다

스타트업을 언제 멈춰야 하는지 이야기하기 전에 사업이 단계적 검증 과정이라는 점을 이해할 필요가 있다.

앞서 설명한 바와 같이 사업은 창업자의 여러 믿음과 가정들을 검증해가는 과정인데, 이 가설들은 단계적으로 이뤄진 경우가 많다. 일단 A라는 가정이 맞다면, 그다음 B를 시도해볼 수 있다는 식이다. 여기서 중요한 것은, B는 일단 잊고, A를 해결하기 위해서 팀의 시간과 노력을 집중해야 한다는 것이다. A에 집중해서 해결하면, B보다는 B'을 다음 단계로 시도하는 것이 맞다는 것을 체득하기도 한다.

예를 들어 배달 앱을 생각해보자. 지금은 누구나 배달 앱이 돈을 벌 수 있고 아주 큰 스타트업이 될 수 있다는 것을 알고 있다. 즉, 배달 앱으로 성공할 수 있다는 것은 창업자만의 믿음과 가정이 아니라 이미 증명된 사실이다.

몇 년 전, 배달 앱을 처음 만드는 창업자를 떠올려보자. 그때는 일단 사람들이 스마트폰의 배달 앱으로 주문을 할 것인지, 배달 앱에 필요한 음식점 정보를 효율적으로 수집할 수 있는지를 우선 증명해야 하지 않았겠나? 심지어 증명한 이후에도 돈을 어떻게 벌 수 있을지 증명해야 했다. 이 과정은 단계적이다. 혹은 단계적으로 수행할 수 있다.

또 다른 예로, 공장을 아웃소싱하는 제조업을 생각해보자. 처음부터 제품을 양산하지는 않을 것이다. 그럴 수도 없고, 그럴 필요도 없으며, 그래서도 곤란하다. 처음에는 제품의 핵심 콘셉트에 맞는 프로토타입을 만들어서 창업자를 포함한 소수의 사람들이 써볼 것이다. 그 과정에서 제품의 디자인이 개선될 것이며, 이후 양산을 준비하면서 소비자 가격을 맞추기 위한 노력이 진행된다.

물론 사업 계획 단계부터 이런 사항들은 모두 고려되어야 하겠지만, 사업을 단계적으로 진행하고, 창업자의 믿음과 가정들을 검증하면서 사업 계획이 지속적으로 업데이트된다는 점을 상기하자.

앞의 예는, 아주 쉽게 이해하기 위해서 극도로 단순화한 것이다. 실제 사업 계획과 실행은 훨씬 복잡하며, 단순한 질문에도 수많은 믿음과 가정이 있다.

예를 들어 "스마트폰의 배달 앱으로 주문을 할까?"라는 질문도 "배달 앱을 설치할까?", "지우지는 않을까?", "전화가 아닌 앱으로 주문을 할까?", "계속 사용할까?", "언제 사용하지 않게 될까?" 등과 같은 질문들로 세분화할 수 있다. 사업은 정말이지 수많은 믿음과 가정을 시행착오를 통해서 검증해가는 과정이다.

이런 이유로 창업자들은 약간의 조울증 같은 증상을 보이기도 한다. 엄청난 고민과 집중의 시간을 통해서 한 단계의 돌파구가 보이고 다음 단계로 성장하는 순간의 성취감은, 이루 말할 수 없이 짜릿하다. 그러나 또다시 이전 단계와 마찬가지로 길고 힘든 여정이 기다리는 경우가 많다.

그렇기에 어떤 하루는 창업자 스스로가 세상을 다 얻은 기분을 느끼기도 하다가, 또 느닷없이 그다음 날은 한없이 우울하고 힘든 날을 맞이하기도 한다. 이런 모습에 주변 사람들은 창업자들을 걱정하곤 한다.

참고로, 사업을 단계적으로 진행하기 쉽지 않은 경우도 있다. 대표적인 예는 흥행 사업으로 일컬어지는 게임, 영화 등이다. 이들은 앞서 살펴본 예들과 다르게, 일정 시간 동안 제대로 준비해서 한 번 '짠' 하고 세상에 보여주는 순간이 존재한다. 게임의 '출시', 영화의 '개봉' 등이다. 물론 시간이 지날수록 흥행몰이를 하는 영화나 게임도 있으나, 대부분은 처음 세상에 공개될 때 어느 정도 성과가 판명 난다.

게임, 영화 등은 제작비가 막대하게 드는 경우가 많기 때문에 세상에 공개된 후에나 성패를 알 수 있다는 점이 큰 리스크로 작용한다. 그렇기에 영화는 각본을 치밀하게 작성하고, 게임은 사전 제작(pre-production)에 공을 들이는 등 여러 노력을 기울이지만, 콘텐츠의 재미와 흥행은 온전히 제작됐을 때에만 판명이 가능하기에 단계적 검증이 대단히 어렵다.

이렇기에 자금 조달 측면에서도 단계적 검증이 가능한 사업들과 다소 다른 측면이 존재한다.

언제 멈출 것인가 ▼

사업은 돈이 모두 떨어지는 순간에 멈추는 것일까? 의외로 그렇지 않다. 돈이 떨어지는 순간에도 창업자가 사업에 대한 긍정적 전망을 하는 경우가 의외로 많고, 가족으로부터 지원을 받거나 창업자의 신용을 담보로 대출을 받는 등 여러 수단을 강구하는 경우가 꽤 있다. 실패하면 빚을 질 수도 있지만, 이렇게 버텨서 성공하는 경우도 분명히 있다. 그럼 어떻게 해야 할까?

하나 확실한 점은 자금의 유무를 사업의 지속성 기준으로 삼는 것은 적절하지 않다는 것이다. 그러면 언제 사업을 멈출 것인가?

중단의 조건

앞에서 설명한 대로 창업 전에 정하고 공동 창업자와 가족 등에게 공유한 중단의 조건, 즉 정한 기간과 자금으로 목표했던 바를 이뤘는지 고민해야 한다.

대출을 받을 수도 있다. 스타트업이 실패하더라도, 창업자가 갚을 수 있을 정도의 대출금이라면 그럴 수도 있다. 하지만 어쩔 수 없이 대출로 몰리는 것은 결코 바람직하지 않으며, 대출도 중단의 조건 범위 안에 있어야 한다.

문제는 사업의 성패를 판단할 수 있는 적절한 기간과 자금을 정하기가 쉽지 않다는 점이다. 사업의 특성에 따라서도, 사업 계획에 따라서도 다를 수 있다. 그렇다보니 창업자가 중단의 조건을 바꾸고 싶은 유혹에 빠진다는 것이 실제적 문제다. 사업을 실행할수록 초기에 정한 중단의 조건을 바꾸고 싶은 유혹이 더욱 커질 수도 있다.

현실적으로는 사업을 제대로 실행해보고 한 번 정도는 중단의 조건을 변경하고 공동 창업자와 가족 등에게 다시 공유하는 사태가 일어날 것이다. 하지만 중단의 조건을 절대 두 번은 변경하지 말고, 아무리 아쉬워도 무조건 지키는 것을 강력하게 권한다.

사업 계획의 폐기

앞서 봤듯이 사업은 단계적 검증 과정이며 계획대로 진행되지 않을 수 있기에 사업 계획의 변경은 자연스럽다. 중요한 점은, 사업 중에는 항상 성공할 것이라고 믿는 사업 계획이 있어야만 한다는 것이다.

창업자가 특정한 믿음과 가정을 가지고 세운 것이 사업 계획이다. 실행을 통해서 믿음과 가정의 일부가 틀렸다고 판단할 수 있고, 그것을 토대로 새롭게 사업을 계획할 수 있다. 그런데 실행을 해보니 믿었던 중요 가정이 틀렸다면? 그래서 사업 계획 자체에 성공 가능성이 없다면? 그러면 창업한 지 얼마 되지 않았더라도 멈춰야 한다.

물론 실제로는 이렇게 무 자르듯이 사업 계획이 가능하다 불가능하다고 나뉘지 않는다. 애매한 믿음과 가정도 많으며, 가정의 옳고 그름을 판단하기도 힘들 수 있다. 그렇기에 현실적으로는 보다 단순하게 초기의 원대한 꿈이 얼마나 줄었는지, 그 정도의 꿈도 의미가 있는지를 고민하는 것도 좋다.

단기적 성공 여부

스타트업에서는 오늘이 있어야 내일이 있다. 즉 오늘이 괜찮다는 방증이 있다면, 멈추지 않고 계속 도전해보는 것이 좋다. 예를 들어, 다음과 같은 것들이다.

첫째, 매출이나 수익이 지속적으로 발생하는지 그 여부다. 매출이 꾸준히 나오고, 장기적으로 수익을 만들어낼 수 있는 여지가 있다면, 사업 지속을 긍정적으로 고민할 수 있다.

둘째, 핵심성과지표(KPI, key performance index)의 성장이다. 매출이나 수익이 나지 않더라도 그 사업이 장기적으로 성장하기 위해서 필수적인, 혹은 매출의 선행 지표로 볼 수 있는 핵심성과지표가 성장하고 있다면, 장기적 성공의 가능성은 있다.

셋째, 전문적이고 경험이 풍부한 엔젤 투자자나 벤처캐피털 등에게 투자를 받았는지 그 여부다. 사업 자체보다 오로지 창업자에 대한 신뢰를 토대로 한 지인들의 투자는, 사업 지속 여부에 어떤 사인도 될 수 없다. 하지만 역량과 경험 있는 투자자의 결정은 분명히 의미가 있다.

능동적이고 주기적으로 폐업을 고민하자 ▼

중단의 조건, 사업 계획의 폐기, 단기적 성공 여부 등을 언급했는데, 이것이 폐업의 모든 기준은 아닐 것이다. 창업자들마다 또 다른 기준을 가질 수도 있고, 유사한 기준이더라도 창업자들마다 판단이 다를 수 있다.

진정 강조하고 싶은 사항은, 실패나 사업을 멈추는 것은 능동적으로 고민해서 결정해야 한다는 점이다. 궁지에 몰려서 어쩔 수 없이 고민하는 것이 아니라, 궁지에 몰리기 전에 고민해야 한다. 사업을 적절하게 접겠다는 생각은 창업자 스스로를 위해서 반드시 필요하기 때문이다.

실패한 창업자들 중에는 죄책감과 정신적 시련을 겪는 경우도 종종 있다. 임직원들과 투자자들에게 미안한 마음을 갖게 되며, 특히 가족에게 죄책감을 갖게 되는 경우가 흔하다.

또한 그렇게 흔하지는 않지만, 개인 채무 문제로 정상적인 사회생활이 힘들 수 있다. 투자와 대출의 연대보증 조건뿐 아니라 대표이사라면 상법상의 책임도 결코 작지 않기 때문이다.

그럼에도 스타트업은 성공에 도전하는 것이니 실패를 늘 고민하는 것은 난센스 같지 않은가? 그렇다. 사업 중단은 매일 고민할 이슈는 아니다. 성공에의 도전은, 일과 삶의 균형 따위는 없을 정도로 몰입하고 매일 업무에 집중하는 것이다. 매 순간 긍정적으로 생각하고 실행에 임해도 성공하기 어려운 것이 현실이다.

따라서 실행에서 다소 떨어져서 전체를 조망하는 시기를 반드시 주기적으로 가져야만 한다. 사업 계획을 다시 쓰는 기회이기도 하다. 객관적으로 보도록 노력해야 하고, 나아가 보다 비관적으로 현실을 바라보기 위해서 노력해야만 한다. 앞서 언급한 사업을 멈추는 기준에 대해서도 숙고해야 한다.

추가로, 창업자는 주기적으로 이 질문을 해보기를 권한다. '지금 내가 이것을 안 하고 있다면, 그럼에도 이 일을 할 것인가? 왜? 어떻게?'

스타트업은 성공을 위한 과정이지만, 적절한 시기에 폐업을 결심하고 단행하는 것은 사업의 성공 못지않게 중요하다. 궁지에 몰린 파산은 창업자 스스로를 위해서도 좋지 않다. 또한 창업자들이 재도전을 하거나 다른 스타트업에서 활기차게 일하는 것이 우리가 속한 사회나 스타트업 생태계의 장기적 관점에서도 이익이다.

스타트업의 평균은 실패다. 당연히 폐업은 흔할 수밖에 없다. 창업자가 능동적이고 주기적으로 폐업을 고민하는 것은 결코 비겁한 일이 아니다.

사업별 조언

다음은 스타트업과 교류하면서 자주 나왔던 사업별 질문과 상황에 대한 필자의 조언이다. 다만 사업마다 특성이 다르며, 팀마다 역량과 경험이 다르기 때문에, 해당 조언을 절대적으로 받아들이면 곤란하다. 또한 조언 자체보다 조언의 이유를 생각해보는 것에 의미가 있듯이, 해당 팁의 이유를 생각해보면 좋겠다.

대기업과 경쟁하는 경우

스타트업이 대기업과 경쟁하는 것은 부담스럽다. 돈은 물론이고 역량과 경험도 부족한 것 같다. 열정과 패기만으로는 한계가 있는 것처럼 느껴지기도 한다.

경쟁을 좀 더 들여다보면, 팀, 자금, 자산 등의 측면이 있는데, 하나 확실한 것은 스타트업이 대기업 전체와 경쟁하는 것은 절대 아니라는 점이다. 대기업 내부의 특정한 팀과 경쟁하는 것이며, 대기업도 무한정 자금을 투입하는 경우는 없다. 그렇기에 경쟁을 단순하게 판단할 수는 없다.

경쟁하는 대기업의 해당 팀 현황을 파악해야 하고, 경쟁을 지속할 것인지 고민해야 한다. 결론이 애매하면, 스타트업은 어차피 잃을 것도 없으니 그냥 도전해보는 것도 나쁘지 않다.

기존 자산 레버리지는 대기업이 유리하다

대기업이 가진 자산을 레버리지하는 것이 매우 중요한 사업은 최악의 경우다. 이 경우에는 스타트업이 경쟁 우위를 가지기 힘들다.

다만 자산 레버리지가 해당 사업의 성공에 얼마나 중요한지는 고민해야 한다. 사업에는 다양한 측면이 있기 때문이다. 또한 레버리지가 효율적으로 일어나는지도 확인하면 좋다. 대기업은 내부 정치 이슈로 인한 비효율이 낮지 않다.

새로운 분야는 스타트업이 유리하다

여러 이유로 새로운 분야는 스타트업이 빠를 수밖에 없다. 기존과 다르고, 누구도 해보지 않은 새로운 분야일수록 더욱 그렇다. 그렇기에 대기업이 새로운 분야에 진출하는 경우, 해당 분야의 스타트업을 인수하기도 한다.

대기업이 스타트업들만 경쟁하던 분야에 들어온다는 것은 거시적으로는 좋은 신호다. 그만큼 사업의 기회가 있다는 의미이고, 사업에서는 오늘의 적군이 내일의 아군이 될 수도 있기 때문이다.

자본과 매스 마케팅은 스타트업이 약할 수 있다

대기업이 매스 마케팅을 하면서 브랜드를 알리면, 경쟁하던 스타트업은 조급해질 수 있다. 이 경우, 해당 사업에서 고객 확보(acquisition)가 더 중요한지, 아니면 고객의 반복 사용(repeat)이 더 중요한지에 따라서 다소 다르다.

전자라면, 한 번 빼앗긴 고객은 돌아오기 어렵기에 마케팅 싸움을 해야만 한다. 다만 스타트업은 자금력이 약하고, 무엇보다 매스 마케팅을 위한 역량이 없는 경우가 많다는 점을 우선 인식해야만 한다.

후자라면, 제품에 집중하는 것이 맞다. 오히려 대기업의 마케팅에 편승하는 전략도 가능하다. 지금까지 사람들이 잘 모르던 서비스나 사업을 대기업이 마케팅으로 적극적으로 알려주는 효과를 볼 수도 있기 때문이다.

스타트업은 팀으로는 이겨야만 한다

예를 들어 대기업이 스타트업을 계속 따라 한다고 가정해보자. 대기업은 자금력도 있고, 팀의 인력도 많기에 스타트업에게는 큰 위협처럼 보인다. 그런데 스타트업은 이 경쟁에서는 절대 지면 안 된다.

사업의 굵직한 부분은 베끼기가 쉽지만, 제품의 디테일이나 운영의 탁월함 등은 베끼기 어렵다. 제품과 운영의 완벽을 추구하는 집착과 구현 능력은 외부에서는 파악하기도 힘들다. 그렇기에 실행력이 강한 스타트업 팀은 대기업과 경쟁에서 쉽게 밀리지 않는다.

해외의 성공 모델을 벤치마킹하는 경우 ▼

미국, 중국 등에서 성공한 비즈니스 모델을 한국에 도입하는 경우가 있다. 이 경우에는 스피드가 중요한 것처럼 느껴진다. 성공한 회사가 한국 자회사를 만들기 전에, 다른 경쟁자들이 생기기 전에, 먼저 시작하는 것이 중요한 것처럼 보이기 때문이다.

큰 흐름은 분명히 그럴 수 있다. 지난 20~30년을 보면, 인터넷이 대중화됐으며, 검색이 막대한 돈을 벌게 됐고, 스마트폰을 대다수가 이용하게 됐으며, 부분 유료화가 자리 잡게 된 것과 같은 큰 흐름에서는 국가 간 차이가 그리 크지 않다.

그러나 개별 사업 및 개별 회사는 그렇지 않다. 해외에서 성공했다고 한국에서 성공하는 것도, 한국에서 성공했다고 해외에서 성공하는 것도 아니다. 나라마다 문화, 인프라, 환경, 인식 등의 차이가 존재하고, 이는 사업 성패를 크게 좌우한다.

성공한 사업일수록 디테일 수준까지 해당 국가 고객의 언어, 관습, 인프라 등을 세심하게 고려한 경우가 많다.

해당 제품 혹은 서비스에서 특정 부분이 왜 그런지 깊이 고민하지 않고, 맹목적으로 베끼는 벤치마킹은 성공하기 힘들다. 따라서 해외 사례 벤치마킹은 영감을 얻기 위한 정도로 그 목적을 제한하는 것이 좋다.

하드웨어 스타트업의 경우 ▼

　하드웨어 사업 중 기존 제품 대비 '가성비'로 경쟁하는 방식은 스타트업에 적합하지 않다. 가성비의 핵심은 규모의 경제(economy of scale) 혹은 획기적인 기술 개선인데, 규모의 경제는 대기업의 가장 큰 장점이며, 대기업도 기존 제품의 개선과 혁신을 위한 연구개발(R&D)에 절대 게으르지 않다.

　세상에 없던 새로운 하드웨어의 경우, 여러 의미에서 스타트업이 적합하다. 그럼에도 하드웨어 사업은 소프트웨어, 서비스와 같은 무형의(intangible) 사업보다 초기 자금이 많이 소요된다.

　따라서 초기 고객 반응을 파악하는 것과 초기 재고의 부담을 최소화하는 것이 중요하다. 미국의 킥스타터(www.kickstarter.com), 한국의 와디즈(www.wadiz.kr) 등을 활용하는 경우가 많다. 이를 통해 스타트업은 자사의 시제품 정보를 올리고, 고객들이 몇 주 혹은 몇 달 전에 선주문을 하면, 스타트업이 초기 반응을 살피면서 선주문한 자금으로 초기 생산을 진행할 수 있다.

　유통과 판매를 혁신하는 것도 스타트업에 적합할 수 있다.

　현재는 온라인 쇼핑은 당연한 시대가 되었지만, 인터넷 초창기에는 아마존과 같은 온라인 쇼핑이 유통과 판매를 혁신하는 스타트업이었다.

최근에는 스마트폰을 통한 콘텐츠 소비가 많아지면서 모바일 콘텐츠를 소비하다가 자연스럽게 물건을 사는, 콘텐츠와 커머스의 결합으로 판매를 혁신하는 스타트업들도 출현했다.

또한 일정한 주기로 계속 소비하는 면도날을 온라인으로 직판하는 스타트업도 유통과 판매를 혁신한 경우다.

트렌드에 관하여 ▼

우리는 "요즘 무엇이 뜬다"는 뉴스를 자주 접한다. 필자에게도 최근 스타트업 트렌드를 질문하는 사람이 있다.

해당 트렌드에 사람과 돈이 몰리기도 하고, 창업자나 투자자는 일부러 유사한 단어를 사업 계획서에 넣기도 한다. 트렌드를 따르는 투자자들도 있게 마련이라 시기적으로 유행하는 사업은 투자 유치가 좀 더 쉬울 수도 있다. 사업 성과가 미비해도 인수될 가능성도 있다.

트렌드에 올라타는 것은 좋은 것처럼 느껴지지만, 트렌드와 개별 사업의 성공 여부는 별개다. 또한 트렌드를 따르는 스타트업이 많을수록 경쟁이 치열할 것이므로 성공에 따른 과실이 작을 수도 있다.

필자가 생각하기에 트렌드에 휘말리는 창업은 그 자체가 문제다. 트렌드와 무관하게, 창업자가 강하게 믿는 분야를 뚝심 있게 밀고 가는 것이 낫다. 스타트업은 본인의 스토리로 성공하는 것이다. 남들이 안 믿는 것이 성공할수록 더욱 크게 성공한다.

스타트업의 글로벌 진출에 관하여 ▼

한국 기업들의 글로벌화, 글로벌한 모바일 앱 스토어의 등장, 한류 문화의 수출 등으로 스타트업의 글로벌 진출에 대한 자신감이 높아졌다. 심지어 초기부터 글로벌 진출을 고려하는 경우도 있다.

시장을 더 넓게 고민한다는 측면에서 분명히 좋은 사인이지만, 좀 더 차분해야 한다.

서구권 국가들은 다른 문화권에 진출한 역사와 경험이 오래됐다. 대항해시대, 식민지 등등. 역사적으로 축적된 노하우는 그들의 문화에 녹아들어 사회적 인프라로 자리 잡고 있다. 미국의 군사력, 영어, 달러, 할리우드 등에 의한 패권은 두말할 나위가 없다.

한국은 해외로 진출한 사회적 경험과 인프라가 상대적으로 부족하다. 한국 스타트업의 글로벌 진출은 그만큼 더욱 도전적인 것이다.

글로벌 진출 역량도 팀워크, 제품화, 마케팅 등과 같은 여러 역량 요소들 중의 하나로 검증해야만 한다. 창업 팀이 다른 국가로 진출할 역량을 갖췄는지, 타깃 시장 진출을 책임질 인재는 있는지, 혹은 현지에서 중요한 로컬 파트너를 찾을 수 있는지 등을 좀 더 냉정하게 판단해야 한다.

스타트업 그 자체가 도전이긴 하나, 스스로를 알고 도전의 크기를 가늠해보기를 권한다.

소개요

2016년 설 연휴를 앞둔 어느 날. 겨울비마저 추적추적 내리던 날, 홍진만, 노재연 두 창업자는 한남동 사무실 옥상에서 그간 어렵사리 버텨온 회사를 접을 수밖에 없다는 데 동의했다.

지난 몇 달간 절박하게 시도했던 투자 유치가 모두 실패했다. 자금도 거의 소진됐고, 직원들 월급 일부도 밀려 있었으며, 사무실 운영비 일부도 미납 상태였다. 소개요에 초기 투자를 했던 본엔젤스의 장병규 파트너는 두어 달 전부터 창업자들에게 폐업도 고민해보라고 조언했다. 창업자들 심신의 피로가 극한에 다다른 만큼 향후 재기를 위해서라도 합리적으로 판단하자는 의견이었다.

불과 몇 개월 전, 단기간에 서비스 사용자를 100만 명 이상 달성할 때만 하더라도 서비스를 정리하는 날이 올 것이라고는 전혀 예상하지 못했다. 설날 연휴 직후, 두 창업자는 그간 함께 고생한 직원들에게 회사를 접겠다는 결정을 전했다.

     ....

  홍진만은 결혼 직후인 2006년에 타이완 여행 전문 인터넷 여행사를 설립해 대박을 냈다. 그러나 기쁨도 잠시, 자신감이 과했던 탓일까, 중국으로 사업을 확장하다가 크게 실패했다. 대표이사였던 그에게 남겨진 것은 연대보증으로 책임져야 할 부채 10억 원.

  파산 신청을 할 수도 있었지만, 조그만 장사라도 해서 빚을 최대한 갚아보자고 마음을 먹었다. 마침 여행사를 운영할 때 알게 된 지인이 그의 힘든 사정을 알고는 월세도 받지 않고 가게 자리를 빌려줬다.

  이후 6~7년간 남대문 시장 인근에서 커피숍, 의류점, 국수집 등 여러 장사를 했다. 장사가 잘되면 권리금을 받고 팔고 다른 곳에서 새로운 장사를 하는 식으로 차근차근 빚을 갚았다. 공무원인 아내의 지원도 받으면서 열심히 일한 덕분에 2013년쯤에는 부채를 대부분 청산할 수 있었다. 장사를 통해 다양한 사람들과 교감하는 역량을 쌓은 것은 덤이었다.

  그동안에도 세상은 빠르게 변하고 있었다. 특히 2012~2013년에는 모바일의 황금 시대가 열리고 있었고, 성공 신화를 쓴 스타트업들의 이야기가 들려왔다.

  과거 인터넷 여행사를 운영할 때의 사업가적 본능이 꿈틀대기 시작했고, 수년간 자영업을 하면서 다진 끈기와 노력을 결합한다면 분명히 시도해볼 수 있다는 막연한 기대감과 호기심을 차츰 품게 됐다.

     ....

  서울대학교 전기공학부를 나온 노재연은 SK플래닛에서 서비스 기획을 담당했다. 평소 창업에 대한 열망이 있었고, SK플래닛은 SK그룹의 인터넷과 모바일 서비스를 전담하는 계열사였기에 스타트업이 생소하지는 않았다.

사내 커플이었던 아내와도 스타트업 관련 대화를 자주 나눴지만, 어떻게 시작해야 하는지는 너무 막연했다. 동료, 사업 아이템, 자금 조달 등 모두 막막했다. 대기업과 다르게, 스타트업은 창업자들이 모두 알아서 해야 한다는 점만 명확했다.

결국 고민만 하면 아무것도 진행되지 않겠다는 판단에 2013년 봄, 5년간 다니던 회사를 휴직하기로 전격 결정했다.

공학을 전공한 기획자로 일하면서 디자인, 마케팅 및 경영 전반에 대한 지식 부족을 느낀 그는 홍익대학교 디자인경영 대학원에 일단 진학했다. 창업을 목표로 휴직을 했으나 새로 시작한 학업 외에는 무엇을 어떻게 해야 할지 여전히 오리무중이었다.

••••

2013년 여름, 홍진민과 노재연은 맥주 한잔을 함께했다. 중학교 1년 선후배 관계로 오랫동안 친하게 지낸 사이였다.

근래에는 유독 창업, 스타트업, 사업 아이템 등이 대화에 자주 등장했는데, 문득 노재연이 이런 이야기를 꺼냈다. "페이스북을 보면 친구의 친구 중에서 눈길 가는 이성이 있잖아. 그런 상대에게 데이트를 신청할 수 있는 서비스는 어떨까? 익명으로 고백하거나 '밀당'하면서 서로 마음이 통하면 재미있지 않을까?"

노재연은 툭 던진 이야기였지만, 홍진만의 눈이 번뜩였다. 얘기를 듣는 순간, 돈을 벌 수도 있겠다는 생각이 들었다. 하지만 정작 노재연은 재미있는 프로젝트지만 돈을 벌기에는 뭔가 부족하다고 생각했다.

자리가 마무리된 이후에도 노재연의 아이디어가 홍진만의 머릿속을 떠나지 않았고, 다음 날에도 여전했다. 결국 홍진만은 노재연을 설득해 '익명으로 고백하고, 서로 마음이 통하는지 확인 가능한 서비스'를 만들어보기로 했다. 노재연은 여전히 수익 모델에 대한 의구심이 있었지만, 시험 삼아 만들어보는 것은 그다지 나쁘지 않을 것 같았다.

홍진만은 운영 중이던 의류 매장도 직원에게 일임하고 과감하게 시간 투자를 해보기로 마음먹었고, 대학원생 노재연도 최대한 시간을 내보기로 했다. 다음 과제는 그들의 아이디어를 구현할 실력 있는 개발자를 찾는 것이었다.

. . . .

마산이 고향인 김성연은 서울 소재 스타트업에서 일하고 싶었고, 서울 친척집에 신세를 지면서 취업을 준비하고 있었다.

그러던 어느 날, 과거 SK플래닛에서 인턴으로 일할 때 만났던 노재연에게 연락이 왔다. "분당에 고시원 방을 하나 얻어줄 테니 모바일 앱 하나 만들어주지 않을래?" 마침 거처도 필요했던 그는, 숙식도 해결하면서 무언가를 할 수도 있다는 가벼운 마음으로 흔쾌히 승낙했다.

이렇게 홍진만, 노재연, 김성연 등 세 사람의 첫 만남이 성사되었고, 일단 프로토타입 서비스를 만든 이후에 다시 계획을 논의하기로 했다. 이후 몇 달간 김성연은 개발, 홍진만은 서비스 아이디어 및 투자 유치, 노재연은 서비스 기획이나 디자인 등에 매진했다. 시간 날 때마다 도서관에서 함께 토론하고 식사도 같이하면서 팀워크를 다졌다. '이노베이션 스테이션'이라는 이름으로 법인도 설립했다.

대기업을 다니던 지인 두 명도 합류 의사를 밝혔다. 파트타임으로 시작해보고, 향후 회사가 안정되면 공식 입사하기로 합의했다. 이제 진용도 대략 갖춰졌고, 프로토타입 개발에 전념할 수 있었다.

····

우선은 인건비 없이, 고시원, 식대 정도의 운영비만 사용했기에, 창업자들이 각출한 돈으로 버텼다. 하지만 본격적으로 사업을 진행하면 각출 가능한 규모를 넘는 자금이 필요했기에 투자에 대한 고민을 지속적으로 했다.

그러던 중 홍진만이 잘 알던 한 선배에게 사업을 설명하고 조언을 구했다. 그 선배는 잘 모르겠다며, 지인이자 업계 전문가인 본엔젤스의 장병규 파트너를 소개했다.

지인으로부터 창업 팀을 소개받은 장병규는 적잖이 당황스러웠다. 한눈에도 스타트업을 처음 하는 사람들인데, 모든 것을 잘하려는 모습이 역력했기 때문이었다.

그는 '업과 서비스의 본질에 대해서 고민하고, 본인들의 강점에 집중해서 사업을 시작해야 한다'고 믿었는데, 이 팀은 떠오르는 좋은 아이디어들을 모두 구현하고 싶어 하는 것 같았다. 몇몇 조언도 했지만, 결론적으로는

"이렇게 스타트업을 하면 실패 가능성이 아주 높다"고 말했다. 지인 소개였기에 솔직하게 직언했다.

초면에 너무 심했나 싶어서 "백 마디 말보다는 실천이 더 중요하니까 한 달 정도 후에 실행 데이터가 나오면 다시 한 번 만날까요?"라고 여지를 두었다. 사실, 이런 식으로 다시 보자고 해도 추가 자료를 들고 다음에 찾아오는 창업자들은 그다지 많지 않았다.

····

다소 실망은 했지만, 홍진만과 노재연은 한 수 배웠다는 느낌이었다. 한 달 후에 의미 있는 데이터를 들고 가리라 결심하며, 프로토타입 개발과 병행해 장병규의 조언대로 핵심 타깃인 10대와 20대들을 만나서 대화하고 경청하면서 서비스도 개선해나갔다.

예정한 한 달이 지났지만, 가시적인 변화를 이끌어내지는 못했다. 예상보다 개발 속도가 느렸고, 초기 프로토타입을 테스트해보니 기대했던 결과도 나오지 않았다. 결국 약속했던 한 달에서 2주가 지나서야 어느 정도 성과물을 손에 쥘 수 있었다.

조마조마한 마음으로 시작한 미팅에서 장병규의 반응은 의외로 우호적이었다. 뚜렷한 성과도 없는 상태였지만, 테스트 서비스를 진행하면서 얻은 각종 지표들, 그 나름의 해석, 그리고 그에 따른 서비스 개선 방향 등에 대한 진지한 대화가 오갔다.

장병규는 창업자들의 학습 능력과 열정을 언급하며 "한 달만 더 생각해볼게요. 아직 저의 확신이 높지 않지만, 저도 이 시장에 대해서 공부를 좀 해보고, 그러는 동안 두 분도 몇 가지 더 검증해보시죠. 저는 본엔젤스 파트너들을 설득해서 투자를 추진할 수 있을지도 고민하겠습니다"고 말했다.

여전히 부족한 점이 많았고, 심지어 제품도 없었다. 그럼에도 홍진만과 노재연의 이력은 매력적이었고, 둘의 조합도 괜찮았다. 무엇보다 30대 중반인 창업자들이 10대와 20대들이 원하는 바를 파악해내는 역량이 인상 깊었기에 장병규는 투자 쪽으로 마음이 기울고 있었다.

....

본엔젤스의 투자 확정 소식을 듣던 날, 본엔젤스 사무실에서 강남역까지 걸어오면서 두 창업자들은 얼떨떨한 기분이었다. 월 몇 십만 원 수준의 빠듯한 예산으로 고시원, 도서관, 커피숍 등을 오가면서 일했던 지난 몇 개월의 시간이 떠올랐다.

고생 끝에 낙이 온다고, 투자를 받고 나서 많은 점이 변했다. 일단 자신감이 생겼다. 세 사람의 공상을 넘어서 본인들의 비전을 실현할 기회와 기대감이 커졌다. 본엔젤스의 투자를 받았다는 사실만으로 미디어에서 기사를 내주기도 하고, 기자들에게서 먼저 연락이 오기도 했다. 본엔젤스가 투자한 다른 스타트업 사람들과의 네트워킹을 할 기회도 생겼다. 그 과정에서 많이 배우고 비슷한 처지에 공감하며 위안을 얻기도 했다. 담당 파트너가 된 장병규도 가끔 소개요 사무실에 찾아와 값진 조언을 해줬다.
적어도 1년 정도는 버틸 수 있는 자금이 생겼고, 이 사실만으로도 창업자들의 마음속, 염려하던 가족들의 마음속에도 작은 위안이 찾아왔다.

．．．．

그러나 행복은 잠깐이었다.

애초 1년 정도를 예상한 자금이 생각보다 빠르게 소진됐다. 사무실 보증
금을 고려하지 않은 미숙함도 문제였고, 팀이 사용하던 노후 장비들의 교체
도 필요했으며, 초기 사용자 유입을 위한 페이스북 광고비도 예상보다 많이
들었다.

2014년 말, 장병규는 본엔젤스의 다른 파트너들을 설득했고, 본엔젤스
는 예외적으로 추가 투자를 결정했다. 본엔젤스의 다른 투자보다 처음 투자
금이 다소 적기도 했고, 창업 팀에 대한 변함없는 지지와 함께 소개요를 시
장에서 제대로 평가받아보자고 판단했다.

자금 외에 가장 큰 문제는 서비스 개발 속도였다. 느렸다. 홍진만과 노재
연이 끊임없이 내놓는 아이디어를 구현하기에 개발자 김성연 혼자로는 역
부족이었다.

세 사람이 창업 초기에 정한 "일주일에 100시간 근무!"라는 의욕적인 모
토도 있었지만, 야근은 물론이고 주말에도 일하는 것이 자연스런 일상이었
다. 장사를 한 홍진만과 대기업에서 일한 노재연은 그럭저럭 버텼지만, 김
성연이 지치기 시작했다. 육체적 피로와 개발 차질에 따른 부담감 등에 스
트레스가 가중됐다.

이 문제를 들은 장병규는 "아쉽지만, 방치될 경우 심신이 한계 상황에 다
다를 수 있으니 가능하다면 김성연은 좋은 개발자 선배들이 다수 포진한 회
사에 이직하는 것이 맞는 것 같다"며 마침 우아한형제들에서 개발자 구인

이 진행 중이라고 첨언했다. 김성연이 우아한형제들의 면접에 합격하면서 소개요와는 아쉬운 작별을 고했다.

••••

새로운 개발자를 찾아야 했지만, 좋은 개발자 찾기는 쉽지 않았다. 주변에서도 "좋은 개발자 있으면 소개해달라"는 이야기만 많았다. 개발 공백이 불가피했다. 급하게 외주도 시도했으나 몇 차례 진행된 외주 개발 결과물은 기대에 미치지 못했다.

개발자 요한(Johan)을 만난 것은 우연이었다. 한류 드라마에 푹 빠졌던 스웨덴인 요한은 한국에 여행 왔다가 여자 친구도 사귀는 등 한국에 호감을 느끼는 중이었고, 기회가 된다면 한국에서 일하고 싶어 했는데, 마침 지인이 홍진만을 소개했다.

요한이 소개요를 처음 방문한 날, 홍진만은 젊고 유망한 스웨덴 개발자가 비좁은 숙소 겸 사무실의 작은 스타트업에서 그것도 200만 원 이하의 월급으로 일하지는 않을 것으로 보여 크게 기대하지는 않았다. 그런데 모국에서의 스타트업 경험이 있던 요한은 "남자들끼리 동고동락하며 스타트업을 해보는 것이 재미있을 것 같다"며 의외로 합류 의사를 밝혔다.

요한은 2014년 12월 소개요에 공식 합류했고, 뒤이어 서버 개발자 한 명도 입사하면서 소개요는 다시 한 번 개발에 박차를 가했다.

요한의 개발 능력은 놀라웠다. 홍진만과 노재연이 구현했으면 하는 아이디어를 간단히 설명하면, 1주일 정도면 해당 기능을 뚝딱 만들어내는 등 기대 이상이었다. 개발에 속도가 붙었다. 숙원 과제이자 핵심 기능인 페이스북에서 친구의 친구와 관련된 자료를 불러들여 내가 좋아하는 사람에게 고백하는 기능과 알고리즘이 제대로 구현되었다.

이를 바탕으로 2015년 1월에는 드디어 베타 서비스도 시작했다. 본격적으로 사업이 전개되는 분위기였다. 이즈음 회사 이름도 '소개요'로 변경했다.

· · · ·

소개요의 앞날에 다시 한 번 먹구름이 드리운 것은 2015년 3월. 페이스북이 정책적으로 친구의 친구에 대한 정보를 공개하지 않기로 결정했다는 갑작스러운 소식이 전해졌다. 모든 서비스가 페이스북 기반이었던 그들에게는 청천벽력이었다. 엄청난 위기감이 엄습했다.

소개요 팀은 대책을 논의했다. 어차피 서비스를 밑바닥부터 다시 만들어야 하는 상황이라면, 본질부터 고민해보기로 했다.

소개요 팀이 추구한 본질은 '이성 고백'이었다. 페이스북 대신 스마트폰의 전화번호 리스트를 이용하는 신규 서비스를 다양하게 고민했다. 고민 끝에, 내 전화번호 리스트에 있는 누군가에게 익명으로 고백할 수 있는 '익명이성 고백'을 시도하기로 결정했다.

서비스의 핵심 본질을 제외하면 완전히 새로운 서비스, 즉 처음부터 새롭게 개발하는 상황이었다. 그럼에도 2개월이 채 안 되어 베타 서비스가 가능해졌다. 예전에는 상상도 못할 속도였는데, 여러 시행착오를 거치면서 팀의 역량, 경험, 팀워크 등이 출중해졌기 때문이었다.

신규 서비스인 '설렘'을 공식 론칭한 첫날인 2015년 4월 15일, 앱을 내려받은 사람은 총 18명.

　설렘 앱은 고백을 하는 사람과 받는 사람이 모두 앱을 설치한 경우에만 작동하기 때문에 초기 18명에게 친구들을 가능한 한 많이 초대하도록 유도했다. "같은 반 친구들이나 주변 지인들이 더 많이 다운로드를 받을수록, 누가 당신에게 관심 있는지 알아낼 수 있는 확률이 높아집니다"라는 메시지로 초대 기능을 강화했다.

　다음 날 다운로드는 300건을 상회했다. 그리고 그다음 날에는 4,000건을 돌파했다. 호의적인 시장 반응에 고무됐지만, 마냥 기뻐할 때가 아니었다.

····

　사용자가 급증해 서버가 불안하다는 소식에 장병규는 토요일 오전 사무실을 직접 방문했다. 어떤 사고가 터질지 몰라 밤을 지새운 소개요 팀에게 "사용자가 일시적으로 몰리는 건 아닌 듯하니 일요일에도 대기해야 할 것"이라고 충고했다. 아니나 다를까, 일요일 정오경, 다운로드 건수가 계속 증가하면서 서버가 다운될 기미가 보였다. 기쁨 반, 걱정 반. 안간힘을 쓰면서 일요일을 버텨냈다.

　다음 날인 월요일, 장병규는 서버 운용 경험이 풍부한 전문가와 함께 사무실을 찾았고, 악전고투 중이던 소개요 팀에게 가뭄에 단비 같은 응급 지원을 해줬다. 마침내 서버가 안정적으로 돌아가기 시작했다.

그러나 서버 문제는 통과의례에 불과했다. 정신을 차려보니 사용자 인증을 위한 휴대폰 문자메시지 비용이 감당하기 힘든 수준이었다. 업계 평균보다 비싼 건당 30원 정도였는데, 꼼꼼하게 업체를 비교하지 않고 서둘러 계약했던 것이 큰 실수였다.

매일 수십만 원 이상의 문자메시지 비용이 나오고, 심지어 그 비용이 증가되는 현실은 현금이 부족한 소개요 입장에서 두려움과 황당함 그 자체였다.

장병규는 직접 통제하기 어려운 자금 이슈는 잠시 잊고, 가장 중요한 서비스 개선과 최적화에 단기적으로는 집중하자고 했고, 별개로 팀과 서비스에 대한 소개 자료를 요청했다.

장병규는 자신의 지인 몇몇에게 소개요 팀과 설림 서비스를 소개하고, 엔젤 투자를 긍정적으로 검토해달라고 부탁했다.

다행스럽게 그중 일부가 엔젤 투자 의향을 밝혔다. 소개요 팀의 이력과 설림 서비스의 초기 지표 등에 긍정적인 평가를 내렸다. 해당 투자금은 과도한 문자메시지 비용 등과 같은 돌발 변수에도 설림 서비스가 지속 성장할 수 있는 발판이 되었다.

••••

한층 안정적으로 서비스가 성장하기 시작했고 '설림'은 20만~30만 명의 가입자를 확보한 제법 규모 있는 서비스로 진화하고 있었다.

2015년 6월 이후에는 진지하게 수익 모델에 대한 고민도 했다. 예컨대 내가 좋아하는 사람이 나에게 관심 있는지를 알려주는 유료 부가 서비스 등을 구상했다. 실제로 특정 아이템 유료화를 시험했는데, 월 1,000만 원 정도의 매출을 거두기도 했다. 하지만 소개요의 현금 소진은 월 2,000만 원 규모로, 자생력을 갖추기에는 부족했다.

고민 끝에 너무 이른 시기에 수익 모델을 도입하는 것은 지양했다. 가입자 규모를 최소 100만 명 이상으로 키운 이후에 차분하게 최적의 수익 모델을 고민하고, 더욱 큰 성공을 지향하자는 장병규의 조언도 있었다. 또한 후속 투자와 더불어 보다 큰 규모의 서비스로 성장할 수 있다면, 얼마든지 수익 모델을 만들 수 있겠다는 자신감도 있었다.

결과적으로, 고객의 니즈를 반영한 새로운 기능 추가와 서비스 최적화에 모든 역량을 집중하니 가입자 증가 추세가 더욱 뚜렷해졌다. 10대 45%, 20대 45%라는 핵심 사용자 구성은 물론, 남녀 비율이 49:51이라는 점도 고무적이었다. 기획 의도대로 균형 있게 성장하고 있다는 의미였다.

2015년 10월, 드디어 가입자 100만 명을 달성했다.

．．．．

가입자 증가와 더불어 운영비 지출은 늘어났고, 명확한 수익 모델이 확립되지 않았기에 보유 현금은 빠르게 줄어들었다. 그럼에도 시행착오와 치열함 끝에 성취한 100만 가입자, 고객들의 긍정적인 반응들, 그리고 여전히 가입자가 지속적으로 증가한다는 가시적인 성과가 있었기에 자신감은 충만했다.

지표와 성과를 바탕으로 후속 투자자들을 설득할 수 있을 것이라고, 투자를 유치할 수 있을 것이라고 굳게 믿었다.

그러나 믿음과 현실은 너무 달랐다. 본엔젤스가 소개한, 혹은 직접 알아본 다수의 벤처캐피털들과 미팅을 진행하면서 설득의 어려움을 절감했다.

우선 데이팅(dating) 혹은 메이팅(mating) 산업과 관련해서 기존 성공 사례가 많은 미국과 달리 한국에서는 큰돈을 번 기존 사례가 전무하기 때문인지 벤처캐피털들이 선뜻 나서지 못하는 듯했다.

또한 벤처캐피털의 의사 결정권자들이 보통 40대 이상이었는데, 서비스의 주요 고객인 10대부터 20대 초반의 핵심 정서에, 예를 들어 고백하기 부끄러워하는 수줍은 마음 등에 공감하지 못하는 것 같았다. 어떤 벤처캐피털의 심사역은 평생 고백을 한 번도 해보지 않았다면서 "도대체 이런 서비스가 왜 필요한지 모르겠다"며 노골적으로 난색을 표명했다.

그러던 중, 투자 목표액의 절반 규모였지만 소개요 투자를 긍정적으로 검토하겠다는 한 벤처캐피털의 의향이 전달되면서 잠시나마 상황이 희망적으로 반전됐다. 두 창업자는 나머지 절반을 투자해줄 벤처캐피털을 확보하기 위해 동분서주했다. 그러는 와중에도 어김없이 운영비는 필요했고, 창업자들의 개인 자금으로 버티고 있었다.

연말이 다가오는 시점에는 만날 수 있는 벤처캐피털이 거의 남아 있지 않았다. 엎친 데 덮친 격으로, 긍정적이었던 벤처캐피털마저 내부 사정을 이유로 물러서면서 상황은 급전직하했다.

．．．．

냉철한 판단이 필요했다. 가까운 시일 내에 극적으로 투자가 유치된다면 천만다행이겠지만, 현재 상태로 무한정 기다릴 수는 없었다.

홍진만의 경우, 그간 기다려준 가족, 임직원들에 대한 책임감 등 만감이 교차하고 있었다. 인터넷 여행사와 자영업을 포함해서 8번의 사업을 했는데, 이번에는 외부 투자도 받아보고 후회 없을 정도로 몰입해서 일했다. 스카우트 제의도 받아봤고, 가족을 위해서 이름만 대면 알아주는 대기업에 다니는 것도 괜찮아 보였다.

노재연의 경우, 막연했던 스타트업을 시작부터 끝까지 제대로 경험했다는 점에서 소기의 성과를 이룬 느낌이었다. 그럼에도 임신했던 아내, 그리고 갓 태어난 아기와 시간을 많이 보내지 못했기에 미안하고 안타까운 마음이 동시에 있었다.

팀원들은 서로의 영역을 존중하면서 좋은 관계를 유지하고 있었다. 회사를 접으면서 다툼도 있을 것이라 예상했지만, 월급을 받지 않아도 좋으니 좀 더 해보자고 주장한 이들도 팀원들이었다. 폐업을 앞둔 회사의 팀워크가 이렇게 좋고 신뢰가 공고하다는 것이 아이러니하게 느껴졌다.

숙고 끝에 폐업을 결정한 날, 두 창업자는 맥주를 함께 마시면서 소회를 풀었고, 다음 날에는 본엔젤스 및 투자자들에게도 폐업 결정을 알렸다.

．．．．

홍진만과 노재연은 앞날을 고민하고 있었는데, 소개요에 투자했던 엔젤 투자자 중 한 명에게서 예상치 못한 전화가 걸려왔다. "혹시 저와 함께 다른 사업 아이템으로 같이 해보지 않을래요? 물론 가능하다면 현재 팀으로 말이죠." 몰래 나를 좋아하고 있던 누군가에게 고백을 받은 느낌이었다.

   그 전화가 훗날 동남아 시장을 대상으로 한 새로운 스타트업으로 발전할 것이라고는 예상하지 못했지만, 홍진만과 노재연은 다시 설레기 시작했다.

START
UP

자금

주식회사와 가치 평가

창업을 결심한 이후에도 스스로 회사를 설립한다는 것은 여간 부담스러운 일이 아니다. 그간 일상에서 별 느낌이 없던 주식회사의 의미가 남다르게 다가올 것이다. 설립이나 운영이 비교적 손쉬운 개인회사 대비 주식회사는 설립뿐만 아니라 회사의 존속 및 운영을 위한 제반 규정이 훨씬 복잡하다.

주식회사 하면 무엇이 떠오르는가? '주식', '주주', '분쟁', '투자', 심지어 '대박' 등의 단어들이 연상될지 모른다. 하지만 이런 단편적 의미나 선입관은 잠시 잊자.

또한 구체적인 주식회사 설립과 운영에 관한 것은 실제 주식회사 설립 과정에서 자연스럽게 체득하기 때문에 이 책에서 다루지 않는다. 그보다 주식회사의 본질에 대해서 생각해보자.

주식회사의 탄생 ▼

주식회사를 개인회사와 구분하는 가장 중요한 특징은 '주식회사는 창업자와 투자자가 함께 일하기에 효율적인 체계'라는 점이다.

주식회사는 17세기 영국, 프랑스, 네덜란드의 모험 기업(venture)들이 아시아에서 무역권 확보와 수탈을 목적으로 설립했던 동인

18세기 화가 조셉 멀더(Joseph Mulder)의 작품. 1726년 암스테르담에 위치했던 동인도회사 본사의 모습이다. 아시아로 보낼 선박들이 건조되고 있는 모습을 엿볼 수 있다. 모험을 감수할 기업가(창업자)와 이에 필요한 자본을 투자할 자본가(투자자)가 함께할 수 있는 주식회사는 이렇게 탄생했다.

도회사(East India Company)에 그 뿌리를 두고 있다. 당시에는 선박들이 서유럽과 아시아까지 원거리를 왕래해야 했고, 그 과정에서 발생할 수 있는 수많은 정치, 경제, 문화적 불확실성을 감수하면서 향신료, 자원, 예술품, 노예 등을 수송할 역량을 가진 기업가(entrepreneur)가 절실한 상황이었다. 그리고 이 모든 것을 실현시키려면 대규모 자금이 필요했기 때문에 자본가(capitalist), 즉 투자자(investor) 또한 필요했으며, 이 두 집단 사이의 상호 관계를 명확하게 정의하는 체계가 필요했다. 이 과정의 결과물들이 현대 주식회사의 모태다.

따라서 투자자를 처음부터 염두에 두고 자본 조달을 기정사실화하는 것이 주식회사이며, 17세기 동인도회사의 설립부터 현대의 수많은 기업과 스타트업에 이르기까지 다양한 시행착오를 통해 발전했다. 그 과정에서 자본가와 기업가 사이의 계약 조건이 정교화되었고, 투자자와 기업가 간에 상호 이해관계를 일치시키기 위한 인센티브 제도 등이 발전했으며, 자연스럽게 해당 기업의 가치 평가 방법 및 수익 분배 방식 등에 대한 논의도 점차 성숙하게 된 것이다.

주식의 의미 ▼

주식회사에서는 회사의 가치를 여러 창업자들과 여러 투자자들이 나눠 가진다. 회사의 전체 가치를 쪼갠 단위가 주식이며, 가장 최소 단위가 주식 1주가 된다. 창업자나 투자자뿐 아니라 핵심 인재와 같은 다른 주체들도 주식을 통해서 회사 가치의 일부를 소유할 수 있다.

주식은 각자의 지분 비율에 따라 '부'(wealth)의 배분을 요구할 수 있는 권리를 의미한다. 하지만 주식은 한 가지 중요한 의미를 더 갖는다. 그것은 바로 의사 결정 '권한'(right)이다. 이는 주식회사의 주요한 의사 결정에서 주주들이 어느 정도의 영향력을 행사할 수 있는가를 의미한다.

이처럼 주식이 두 가지 의미를 갖게 된 것은, 앞서 설명한 바와 같이 기업가와 투자자가 함께할 수 있는 체계와 장치들이 발전하는 과정에서 파생된 것이다.

극단적인 경우를 보면, 투자자 입장에서는 기업가의 역량과 경험이 필요하지만, 투자한 돈을 기업가가 본인의 사리사욕을 위해 사용할 수도 있고, 심지어 떼먹을 수도 있는 것 아닌가. 기업가 입장에서는 투자자의 자본이 필요하지만, 기업이 벌어들인 돈을 과도하게 요구하는 것은 원치 않을 수 있다. 서로의 이해관계를 일치시키기 위해서는 단순히 부의 분배뿐 아니라 권한에 대한 정의도 필요한 것이다.

쉽게 말해서 주식회사에서는 여러 주체들의 '권한' 행사나 회사가 번 '돈'을 나누는 방법까지 모두 '주식'을 통해 일어난다.

이처럼 '주식'이라는 한 가지 실체가 '부'와 '권한'이라는 두 가지 의미를 갖다보니 문제가 발생하기도 한다.

예컨대 A라는 공동 창업자는 금전적인 투자를 많이 했고, B라는 공동 창업자는 사업 역량과 경험을 보유했는데, 두 사람의 지분은 동일하다고 가정해보자. A는 "내가 돈을 더 냈다"라는 입장이다. 본인이 없었으면 창업 자체는 물론 성장이 불가능했을 것이라고 생각한다. B는 "나의 실제 공헌도가 훨씬 더 높다"라며 불만을 토로할 수 있다. 사람들은 자신이 공헌한 만큼 인정받기를 원하며, 본인이 생각하는 공헌과 배분 사이에 차이가 생기면 불만이 생길 수 있다.

회사에 큰 공헌을 하고 있다면, 지분 대비 더 많은 권한을 행사할 수 있어야 만족할 수도 있다. 반대로 큰 지분에도 실질적 공헌이 없다면, 지분 비율에 따른 이윤은 가져가더라도 회사의 주요 결정에 참여하는 것은 제한되어야 할 수도 있다.

스타트업 현장에서는 이 두 가지 의미에 대한 이견과 이해 상충으로 인해 불화와 분쟁이 다소 빈번하게 발생한다.

주식과 관련한 분쟁을 미연에 방지하기 위해서는 우선 이해관계자들끼리 평소에 솔직한 대화를 많이 나눠야만 한다. 서로의 입장과 의견을 경청하면 할수록 타협점 혹은 해결책을 모색하기가 쉽다.

하지만 평소 대화를 많이 나누더라도 서로의 생각을 완전히 이해하는 것은 사실상 불가능하다. 그렇기에 서로에 대해 잘 모를 수 있다는 점을 인정하고, 차후 상호 이해가 깊어지고 세부 사항을 다시 협의할 수 있도록 조정 가능한 커뮤니케이션(open-ended communication) 방식으로 대화하기를 권한다.

회사의 가치 평가 ▼

가치 평가(valuation)란 기업의 가치를 객관적으로 평가하는 것을 말하며, 해당 기업에 대한 투자 여부, 투자 규모 등을 결정하는 요소들 중 하나다. 현장의 가치 평가 업무는 단순하지 않으며, 어떤 경우에는 전문가들도 어려움을 겪는다. 그렇기에 스타트업의 가치 평가 과정을 알아보기 전에 일반적인 회사의 가치 평가 과정을 아주 단순하게 설명한다.

모든 기업은 서로 다른 제품과 서비스를 창출하지만 투자자 관점에서는 '현금', '이익' 혹은 '돈'이라는 동일한 가치를 산출한다. 이런 관점에서 기업의 가치는 현재 보유한 자산과 미래 현금 창출 능력을 더한 것으로 평가할 수 있다.

예를 들어, 특정 기업이 현재 2억 원의 현금과 1억 원의 부동산을 보유하고, 향후 10년간 매년 1억 원의 이익을 낸다고 가정하면, 단순한 합으로는 가치를 13억 원이라고 평가할 수 있다. 그러면 해당 회사의 20% 지분 가치는 2.6억 원이 된다.

하지만 현금과 현금화 과정에서 가치가 변경될 수도 있는 부동산을 동일하게 취급하는 것이 맞을까? 또한 내년의 1억 원 이익과 지금 통장에 있는 1억 원은 적어도 은행 이자 정도는 달라야 하지 않을까? 그렇다. 모두 맞는 말이고, 실제 가치 평가 과정에서는 이런 요소들을 모두 고려한다.

심지어 상장회사들은 회사의 자산과 이익이라는 기본 요소뿐만 아니라 주식의 수요와 공급, 정치·경제·사회적 영향도 받는다. 또한 이 모든 것을 고려해도 평가된 가치를 설명할 수 없는 순간도 있다. 즉 각론은 상당히 복잡하다.

그럼에도 원론적으로는 아래와 같이 단순화할 수 있다.

회사의 가치 평가 = 현재 보유한 자산 + 미래 현금 창출 예측

기술 기반의 비제조업이 대부분인 스타트업의 경우, 평가할 보유 자산이 거의 없거나 미미하므로 결국 미래의 현금 창출 능력을 파악하는 것이 가치 평가의 핵심이 된다.

스타트업의 가치 평가 = 미래 현금 창출 예측

유념할 점은, 각 스타트업이 처한 상황과 성장 단계에 따라 가치 평가에 사용되는 변수나 주안점이 상이하다는 것이다.

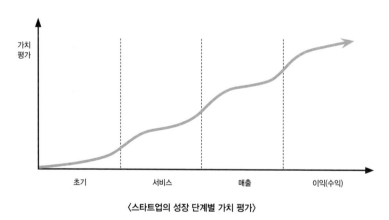

〈스타트업의 성장 단계별 가치 평가〉

이익 기반

스타트업이 성장하여 안정적인 수익이 발생하면, 여타의 회사들과 비슷한 방식으로 가치 평가가 가능하다. 다만 성장한 스타트업들도 제조업 중심의 대기업과 달리, 보유한 자산이 적거나 거의 없을 가능성이 높기에 가치 평가가 보다 단순할 수 있다.

스타트업의 가치 평가 = 미래 현금 창출 예측

매출 기반

안정적인 수익을 거두지 못해도 매출이 꾸준히 성장하고 있는 단계라면, 동종 업계 등을 참고해 '매출의 몇 배로 가치를 평가'하는 계산법을 적용하기도 한다. 하지만 이 경우에도 해당 스타트업이 더욱 성장해 언젠가 제대로 이익을 낼 것이라는 기대를 암묵적으로 포함하고 있다. 즉, 매출 성장을 기반으로 미래의 수익을 추정하는 것이다.

중기 스타트업의 가치 평가 = 매출을 기반으로 한 미래 현금 창출 예측

서비스 지표 기반, 혹은 초기

유의미한 매출조차 없을 초기 스타트업도 가치 평가가 필요하다. 예컨대 서비스 이용자 수와 같은 지표가 꾸준히 상승 추세일 경우에는 동종 업계 등을 참고해 추정하기도 한다. 하지만 비교가 힘든 전혀 새로운 서비스가 탄생할 수도 있고, 서비스 지표조차 없는 단계에도 투자가 필요하다.

그렇기에 서비스와 사업이 어떻게 성장할 것인지, 해당 사업이 매

출을 얼마나 만들어낼지, 그것이 결국 이익으로 이어질지 상상해야 한다. 심지어 시장 크기가 얼마나 될지, 해당 시장에서 점유율이 어떨지도 고민해야 한다.

초기 스타트업 단계에는 가치 평가에 활용할 수 있는 자료가 충분하지 않을 뿐만 아니라 최소 몇 년 앞을 내다봐야 하므로 예술(art)이라고 부르기도 한다. 역량과 경험이 있는 투자자도 항상 어려워하는 영역이라는 뜻이기도 하다.

그럼에도 투자자가 투자를 하는 이유는, 해당 스타트업이 향후 언젠가 어떤 형태로든 이익을 낼 것이라고 믿기 때문인데, 이는 어떤 단계에서나 동일하다.

초기 스타트업의 가치 평가 =
서비스 지표를 토대로 한 미래 매출과 현금 창출 예측, 혹은 예술(art)

....

이처럼 여러 변수와 직관이 반영되다보니 스타트업의 가치를 평가하는 데 창업자와 투자자의 시각이 다른 경우가 많다. 실제로 창업자는 본인의 사업이 잘될 것이라 굳게 믿고 향후에 많은 돈을 벌 것이라고 예상하는 경우가 많다. 그렇기 때문에 스타트업을 하는 것이 아닌가! 이는 본인 스타트업의 가치를 높게 평가하는 경향으로 이어진다.

반면 다양한 성공과 실패의 사례를 훨씬 많이 경험한 투자자는, 성공 가능성 자체를 낮게 판단하고, 수익을 내더라도 오랜 시간이 걸릴 것이며, 시장 점유율을 높여서 독보적인 수익률을 내는 것은 정말 어렵다고 생각할 것이다. 당연히 가치 평가가 보수적일 수밖에 없다. 창업자에게는 인색한 투자자로, 욕심을 내는 것처럼 보일 수 있다.

그렇기에 창업자와 투자자 간의 가치 평가에 대한 시각 차이는 어느 정도는 당연한 것이며, 이 차이를 합리적으로 맞춰가는 것이 결국 투자 과정의 일부가 된다.

창업자가 돈을 버는 방법

초기 스타트업에서는 현금이 중요하고 창업자들이 월급을 적게 받는 경우도 흔하기에 월급으로 부를 이루는 창업자는 거의 없다. 스타트업이 성공했을 때 창업자가 소유한 주식을 통해서 경제적 부를 이루는 것이 일반적이다.

창업자가 부자가 되기 위해서는 해당 스타트업의 기업 가치가 먼저 창출되어야 한다. 이 과정에서 보통 투자자의 투자금이 활용된다. 물론 창업자가 대부분 자금을 투자하거나 창업 초기부터 이익을 낸다면 투자자의 도움이 필요 없을 수도 있으나 이런 경우는 매우 드물다.

그리고 기업 가치가 창출된 이후 창업자가 전부 혹은 일부 지분을 매각할 수 있어야만 최종적으로 창업자가 제대로 돈을 벌게 된다.

스타트업의 가치 창출

대부분 스타트업은 사회 혁신을 동반하기 때문에 스타트업이 창출하는 가치를 재무적 가치로만 판단하는 것은 무리다. 하지만 여기서는 재무적 가치만을, 특히 주주인 창업자와 투자자가 어떻게 재무적 가치를 만들고 증가시키는지 알아본다.

여기에 나온 숫자들은 모두 쉬운 설명과 이해를 위한 예시이며, 스타트업 투자의 실제는 훨씬 복잡하다는 점을 잊지 말자.

	창업	첫 번째 투자를 받기 직전	첫 번째 투자를 받은 직후
스타트업의 가치	1억 원	8억 원	10억 원
창업자들의 지분	100%	100%	80%
투자자 A의 지분			20%
창업자들 지분의 가치	1억 원	8억 원	8억 원
투자자 A 지분의 가치			2억 원

〈첫 번째 투자〉

앞의 표에 예시된 스타트업에서 창업자들은 1억 원을 들여서 창업했다. 창업자들은 성과를 내고 투자를 받기 위해서 노력했고, 드디어 첫 번째 투자가 성사됐다. 투자자 A는 스타트업의 가치를 8억 원으로 판단했고, 2억 원을 투자하기로 결정했다. 투자 직전 평가된 8억원에 투자금 2억 원이 더해지며, 투자 이후 스타트업의 총 가치는 10억 원이 됐다.

창업자의 지분율은 100%에서 80%로 감소했지만, 창업자 주식의 가치는 8억 원으로 증대했다. 투자 유치를 거치면서 기존 1억 원의 주식 가치가 8억 원으로 증대됐으니 총 7억 원이라는 기존에 없던 가치가 창출된 셈이다.

주의할 점은, 아직 창업자들이 이익을 실현한 것이, 즉 돈을 번 것이 아니라는 것이다. 장부상으로 기업의 가치가 높아졌으나 창업자들은 해당 주식을 매각하지 않았기에 아직 돈을 번 것은 아니다.

종종 "ABC 스타트업이 ○억 원의 투자금 유치"라는 뉴스 기사가 나오면 창업자들이 돈을 번 것처럼 혹은 성공을 이룬 것처럼 느낄 수 있으나, 이는 잘못된 인식이다. 투자금 유치를 통해 스타트업 성장의 중요 자원을 마련했으므로 축하를 받을 일은 맞지만, 이는 성공을 향한 과정일 뿐이다.

	창업	첫 번째 투자를 받기 직전	첫 번째 투자를 받은 직후	두 번째 투자를 받기 직전	두 번째 투자를 받은 직후
스타트업의 가치	1억 원	8억 원	10억 원	30억 원	37억 원
창업자들의 지분 투자자 A의 지분 투자자 B의 지분	100%	100%	80% 20%	80% 20%	65% 16% 19%
창업자들 지분의 가치 투자자 A 지분의 가치 투자자 B 지분의 가치	1억 원	8억 원	8억 원 2억 원	24억 원 6억 원	24억 원 6억 원 7억 원

〈두 번째 투자〉

첫 번째 투자로 받은 2억 원으로 사업에 몰입한 창업자들은 1~2년 후 투자자 B에게 두 번째 투자를 유치했다. 투자자 B는 성장한 스타트업의 가치를 30억 원으로 평가하고 7억 원의 투자를 결정했다. 창업자의 1억 원, 투자자 A의 2억 원, 그리고 투자자 B의 7억 원, 총

10억 원의 자금이 투자된 결과, 스타트업의 전체 가치는 37억 원이 되었으며, 결과적으로 27억 원의 가치가 추가로 창출되었다.

투자자 B는 약 19%의 지분을 소유하게 됐으며, 창업자들과 투자자 A의 지분은 각각 기존 지분 대비 19% 희석(dilution)됨에 따라 창업자들은 65% 지분을, 투자자 A는 16% 지분을 갖게 됐다. 투자자 A는 지분율은 줄었으나 1~2년 사이에 2억 원의 투자가 약 6억 원의 가치로 세 배 증가했으므로 좋은 상황이다.

물론 창출된 가치는 여전히 줄어들거나 없어질 가능성이 높다. 해당 스타트업의 실패 가능성이 초기보다 낮아졌을 것이나 여전히 실패할 수 있는 단계라고 봐야 하고, 스타트업이 실패하면 보통 주식의 가치는 아예 없어진다.

창업자와 투자자의 이익 실현 ▼

두 번째 투자 유치 시점까지도 창업자, 투자자 A, 투자자 B 어느 누구도 이익을 실현하지는 못했다. 지분을 매각할 수 있어야만 비로소 이익을 실현할 수 있다. 스타트업의 지분을 매각하는 방법은 일반적으로 다음에 설명하는 셋 중 하나다.

기업공개

코스피, 코스닥 등의 주식시장(stock market)에 주식을 처음 상장하는 것을 기업공개(IPO, Initial Public Offering)라고 한다. 기업공개라고 표현하는 이유는, 누구나 자유롭게 해당 기업의 주식을 사고팔수 있기 때문이다. 주식시장에 주식이 상장되면, 창업자들과 투자자들은 각자의 지분을 주식시장에 매각해 이익을 실현할 수 있다.

주식은 부와 권한이라는 2가지 의미를 가지고 있기에, 창업자들은 기업 경영에 필요한 권한을 위해서 주식을 매각하지 않는 경향이 강한 편이다. 그럼에도 일부 주식을 매각하여 현금화하기도 하고, 장기적으로는 기업 경영에서 물러나면서 주식을 대부분 매각함으로써 상당한 부를 실현하게 된다.

기업공개는 기본적으로 효율적인 자본 조달 체계와 지속 가능한 회사로의 토대를 마련하기 위한 것이나, 창업자는 기업공개를 통해서 이익을 실현할 수도 있는 것이다.

M&A가 흔하지는 않은 한국의 환경에서, 까다로운 기업공개 조건을 통과했다는 점이 스타트업의 대성공을 방증하기에 투자자들이 가장 바라는 투자금 회수 방법인 것 같다.

앞서 언급한 스타트업이 300억 원의 평가로 상장한다고 가정하자. 기업공개 과정에서 약 20%는 일반 투자자들의 지분이 되었고 성장 과정 중에 투자자 A, B 외의 다른 전문 투자자들의 투자도 받아 그들의 지분이 30%라 가정하자. 창업자들의 지분은 33%까지 희석됐고, 투자자 A, B의 지분율도 줄었다.

	창업	첫 번째 투자를 받기 직전	첫 번째 투자를 받은 직후	두 번째 투자를 받기 직전	두 번째 투자를 받은 직후	……	기업공개 (IPO)
스타트업의 가치	1억 원	8억 원	10억 원	30억 원	37억 원	……	300억 원
창업자들의 지분	100%	100%	80%	80%	65%	……	33%
투자자 A의 지분			20%	20%	16%	……	8%
투자자 B의 지분					19%	……	9%
전문 투자자들의 지분(합)						……	30%
일반 투자자들의 지분(합)						……	20%
창업자들 지분의 가치	1억 원	8억 원	8억 원	24억 원	24억 원	……	99억 원
투자자 A 지분의 가치			2억 원	6억 원	6억 원	……	24억 원
투자자 B 지분의 가치					7억 원	……	27억 원
전문 투자자들 지분의 가치(합)						……	90억 원
일반 투자자들 지분의 가치(합)						……	60억 원

〈기업공개(IPO)〉

하지만 이제는 창업자들과 투자자들이 주식시장에서 자신들의 지분을 매각할 수 있다. 투자자 A가 모든 지분을 매각한다면 약 24억 원을 벌기 때문에, 처음 투자한 2억 원 대비 10배 이상의 수익을 거둔다. 투자자 B는 20억 원의 차액을 번다. 창업자들은 다양한 이해관계로 인해 전량 매각은 힘들지만, 기업공개와 함께 주식 부자로 등극한다.

M&A(Mergers and Acquisitions)

회사의 지분 일부 혹은 전부를, 회사의 경영과 관련된 권한과 함께 다른 회사 혹은 사모펀드 등에 매각해 창업자들과 투자자들이 돈을 벌 수 있다.

매각 대금은 보통 현금과 매수 기업의 주식을 조합하는 경우가 많은데, 이는 M&A의 결과가 매수 기업의 가치 제고로 이어지길 희망하는 취지다. 유사한 맥락에서 창업자가 일정 기간 해당 스타트업을 계속 경영하도록 합의하는 것도 일반적이다.

M&A를 통한 매각은 장기적이고 원론적으로 본다면, 회사 전체 매각만 있다고 봐야 한다. 하지만 실제로는 수개월에서 수년에 걸쳐서 단계적으로 진행되는 경우도 있으며, 이 기간에 예상하기 힘든 또 다른 변화가 발생하기도 한다.

한국에서는 M&A를 경험한 사람이 기업공개를 경험한 사람보다 많지 않은 것 같고, 스타트업을 매수하는 대기업, 중견기업, 성장한 스타트업, 사모펀드 등의 입장이 아니라 초기 스타트업 입장에서 M&A를 조력할 사람이 더욱 적은 것 같다. 창업자가 역량과 경험 있는 투자자로부터 투자를 유치해야 하는 여러 이유 중 하나다.

구주 매각

창업자들이 자금 조달을 위해 발행한 새로운 주식을 신주(new share)라고 하며, 신주 매각 자금은 회사로 유입되어 회사의 운영과 성장에 활용된다. 앞서 설명한 투자자들이 투자로 받은 주식은 모두 신주다.

기존 창업자, 혹은 기존 투자자가 보유한 주식을 구주(old share)라고 한다. 구주 매각 시에는 회사가 아닌 해당 구주를 소유한 주주에게 매각 대금이 지급되고, 해당 주주의 주식은 주식을 판 만큼 감소한다. 즉 창업자나 투자자는 구주를 팔아서 돈을 벌 수 있다.

스타트업의 구주 매각은 흔하지 않은데, 신주 발행과 구주 매각이 함께 일어나는 경우는 간혹 있다. 신주로 투자를 진행하는 투자자가 일부 구주를 매입하는 경우가 있기 때문이다. 창업자들은 일부 구주를 매각해 금전적 보상을 얻는다. 구주 매입 가격은 통상 신주 대비 할인하므로 투자자 입장에서는 좀 더 싸게 주식을 획득할 수 있다.

무엇보다도 창업자들이 일정한 돈을 벌었기 때문에 훨씬 더 위험한 도전을 선택할 수 있다는, 그래서 훨씬 큰 성공의 가능성이 생긴다는 점에서 창업자들과 투자자들이 윈윈(win-win)할 수도 있다.

····

창업자들은 앞에서 언급한 계기가 없다면 이익을 실현하기가 쉽지 않다. 스타트업과 같이 작고 실패 가능성이 높은, 그래서 거래도 쉽지 않고 휴지 조각이 될 가능성이 높은 주식을 사려는 사람은 거의 없다. 사실상 전문 투자자 외에는 없다.

또한 전문 투자자들은 창업자들이 스타트업의 핵심이라는 점을 잘 알기에 창업자들이 지분을 일부 혹은 전부 매각하고 떠나는 것을 원치 않는다.

정리해보면, 창업자가 돈을 벌기 위한 여정은, 무엇보다 사업의 본질적 가치를 제고하려는 부단한 노력으로 시작된다. 그 과정에서 해당 스타트업의 가치를 인정하고 더욱 성장할 수 있게 조력하는 양질의 투자자를 찾고, 최종적으로는 이익을 실현할 수 있는 적절한 계기를 마련해야 한다.

핵심 인재에 대한 보상 ▼

스타트업이라면 낮은 처우를 떠올릴지도 모르겠다. 개별 스타트업마다 상황이 다르고 창업자들이 핵심 인재 스카우트에는 적극적이기에 단정하기 힘들지만, 보통 초기 스타트업이 대기업, 중견기업 등에 비해 기본급이 높은 경우는 흔치 않다. 복리 후생도 상대적으로 미흡할 가능성이 높다.

그렇기에 스타트업은 핵심 인재들에게 인센티브 성격의 스톡옵션(stock option)을 지급하는 경우가 많다. 스톡옵션은 말 그대로 '옵션', 즉 정해진 수량과 가격의 주식을 매수할 수 있는 '권리'다. 투자자들의 신주 매수에는 투자금, 즉 현금이 필요하지만, 스톡옵션에는 현금이 전혀 필요 없다.

스톡옵션의 정해진 가격보다 매매되는 주식의 가격이 낮을 때는 매수를 포기하면 된다. 이익도 없지만 손해도 전혀 없다. 매매되는 주식의 가격이 높을 때는 스톡옵션을 실행해, 즉 정해진 수량의 주식을 매수해, 매수한 주식을 바로 판매함으로써 차액만큼 돈을 벌 수 있다.

상황이 좋지 않은 경우에도 손해 볼 것이 없고, 회사가 성장하면 금전적 이익을 기대할 수 있는 인센티브 제도인 것이다.

해당 스타트업의 미래를 어떻게 믿느냐는 개개인의 판단에 달렸기에 스톡옵션의 가치를 논하는 것은 쉽지 않다. 다만 핵심 인재들 스스로 기본급과 스톡옵션의 가치에 대해서 깊이 숙고해보는 것은, 해당 스타트업의 미래를 고민해볼 수 있는 좋은 기회다.

적절한 창업자 지분율? ▼

창업자들의 지분율은 일정 수준 이상인 경우가 흔하다. 기본급을 낮게 받으며 초기 자금도 투자했고, 소위 경영권도 중요하기 때문이다. 단순한 보상, 즉 부라는 측면에서만 판단한다면, 창업자들의 지분이 다소 많다고 느껴질 여지가 있는 것이다.

이런 이유로, 핵심 인재들은 공동 창업자들에 비해 상대적 박탈감을 느낄 수 있고, 창업자들과 핵심 인재들이 각자의 욕심 때문에 서로 멀어질 수도 있다. 투자자들은 창업자들이 인재 영입을 위한 스톡옵션 지급에 인색하다고 느낄 수도 있고, 창업자들은 후한 스톡옵션으로 인한 경영권 약화 등의 문제를 걱정하기도 한다.

여러 번 투자를 유치하면, 창업자 지분율이 낮아져서 경영권 등을 우려해야 하지만 투자자가 많아져서 우군이 많아지는 효과도 있다. 창업자들의 보유 지분이 희석되더라도 큰 자금을 통해 회사를 빠르고 크게 키우는 것도 좋은 선택이기에 적절한 창업자 지분율을 특정하기가 어렵다.

투자자들은 공동 창업자들 사이의 지분율, 핵심 인재의 스톡옵션, 투자에 대한 태도 등을 통해 창업자들의 가치관, 각자의 역할과 책임, 상호 신뢰, 인재들에 대한 창업자들의 태도 등을 판단하기도 한다. 단순한 정답이 있는 문제가 아니기에 창업자의 철학과 가치관이 더욱 묻어난다.

적절한 지분율에 관한 정답은 없다. 하지만 하나 확실한 점은, 실패하면 주식은 휴지 조각일 뿐이라는 것이다. 어떤 주주들이라도 성공할 때까지는 공동체다. 성공하면 모두 함께 벌지만, 실패하면 아무것도 없다.

따라서 비율보다는 성공의 크기를 더욱 키우고, 낮은 비율이라도 금액이 클 수 있도록 지향하는 것이 맞다. 그래야 지분과 관련된 여러 문제들을 풀기가 쉬워진다. 50억 원짜리 회사 10%보다 1,000억짜리 회사 1%가 나은 것이다.

투자자가 돈을 버는 방법

스타트업 투자는, 특히 초기 스타트업 투자는 대부분 실패한다고 봐야 한다. 초기 스타트업 투자 검토 시 무조건 실패한다고 단언해도 확률 높은 전문가처럼 보일 수 있다. 대부분 실패할 것이 자명하기 때문이다.

스타트업 투자는 일반적인 부동산, 채권, 주식 투자 등과는 많이 다르다. 개별 스타트업의 높은 실패 가능성에도 불구하고 지혜로운 스타트업 투자자들은 돈을 번다. 소수의 성공 스타트업에서 대부분의 수익을 얻어, 다수의 스타트업이 실패함에도 전체 합계로는 이익을 낸다.

투자자는 어떻게 돈을 버는가?

초기 스타트업 투자자들의 경우, 개별 건에서 ROI(Return on Investment, 투자자본수익율, 투자 대비 수익) 결과가 큰 편차를 보인다. ROI가 0인, 즉 투자금을 모두 날리는 실패도 많고, 대박도 종종 있다. 반면 후기 스타트업 투자자들의 경우, 실패율은 감소하나, ROI 10배 이상인, 즉 1억 원 투자에 10억 원 이상을 버는 건은 현저히 줄어든다.

이러한 차이에도 불구하고 소수의 성공한 투자가 전체 수익률을

견인하고 다수의 투자 실패를 보완하는 스타트업 투자의 속성은 비슷하다.

그림은 미국의 창업자를 위한 비영리 단체인 카우프만 재단(Kauffman Foundation)에서 발표한, 엔젤 투자자 4명이 총 117개 스타트업에 투자해서 거둔 실제 결과다. 엔젤 투자자 및 초기 벤처캐피털들의 투자 정보가 대중에게 공개되는 것이 흔치 않은데, 다수 스타트업에 투자한 기록으로 초기 투자자들을 이해하는 데 큰 도움이 되는 자료다. 해당 자료를 통해 초기 투자의 몇 가지 속성을 알아보자.

투자 대비 수익	스타트업			투자금		가치			회수까지 걸린 기간
	갯수	비중	평균투자금(USD)	총합(USD)	비중	총합(USD)	비중	투자 대비 수익	
0배	31	26%	73,920	2,291,525	23%	0	0%	0배	2.6년
0–1배	26	22%	146,651	3,812,914	38%	1,878,426	4%	0.5배	3.6년
1배	23	20%	29,192	671,422	7%	671,422	1%	1배	2년
1–10배	21	18%	89,073	1,870,541	19%	5,614,653	11%	3배	5년
10배 이상	16	14%	80,633	1,290,132	13%	42,927,748	84%	33.3배	8.6년
총합	117	100%		9,936,534	100%	51,092,249	100%		4년

출처: 카우프만 재단(Kauffman Foundation, http://www.entrepreneurship.org)

〈엔젤 투자자 4명이 117개 스타트업에 투자한 결과〉

투자로 돈을 벌었다

117개 스타트업에 투자한 전체 금액은 993만 6,500달러, 투자 결과의 합은 5,109만 2,249달러로, ROI가 5배가 넘는다. 정확한 계산은 어렵지만, 9년 정도의 기간을 가정한다면 복리로 대략 20% 이자율이다!

대부분 잃었다

ROI가 0은 투자금을 모두 잃은 것이고, 1배는 투자금만 건진 것이므로 실패한 스타트업들이다. 80(31+26+23)개 스타트업, 전체 투자금 중 68(23+38+7)% 투자가 실패했다.

ROI가 10배 미만인 결과를 모두 합해보면, 전체 투자금의 86(100-14)%를 투자했지만 최종 가치에서 차지하는 비율은 약 16(4+1+11)%에 불과하다.

소수에서 많이 벌었다

10배 이상의 수익을 거둔 16개 스타트업에서는 최종 가치의 대부분인 84%를 벌었다. 전체에서 이들을 제외하면, 864만 6,300달러 투자로 816만 4,501달러를 건진 것이므로 손실이다. 결국 성공을 거둔 소수의 스타트업으로 다수의 실패를 만회하고 높은 수익까지 거둔 것이다.

추가로 이들의 평균 ROI는 무려 33.3배에 달하는데, 1억을 투자했다면 33.3억을 벌었다는 의미다. 이는 성공하는 스타트업은 정말 크게 성공한다는 것을 방증한다.

실패는 2~3년이면 알고, 성공에는 8~9년이 걸린다

ROI가 1배 이하인 스타트업들은 투자금 회수에 2.6년, 3.6년, 2년이 걸렸다. 스타트업이 잘되면 투자자가 더 기다렸을 것이므로 실제로는 이 기업들을 청산한 시기로 봐야 한다. 즉 스타트업의 성패는 2~3년 내에 한 번 판가름이 난다.

한편 ROI가 10배 이상인 경우 투자금 회수까지 평균 8.6년이 걸렸다. 이는 투자자가 가장 선호하는 기업공개에 보통 8~9년이 걸린다는 통설과도 맞닿아 있다.

돈을 많이 투자한다고 좋은 것이 아니다

특이한 점은, ROI가 0~1배인 경우 스타트업당 평균 투자금이 14만 6,651 달러로 다른 구간에 비해서 매우 높다는 것이다. ROI가 10배 이상인 스타트업들은 평균 투자금이 비슷한 것과 대비된다.

즉, 투자금이 크다고 해서 성공하지도, 작다고 해서 실패하지도 않는다. 오히려 투자금이 클수록 실패할 확률이 커진다고도 볼 수 있기에 제한된 자금이 오히려 축복이 될 수 있다는 해석도 가능하다.

정말 단순하게 보면, 10개에 1억 원씩 총 10억 원을 투자해서 다수인 8개는 망하고 소수인 2개에서 10억 원씩 총 20억 원을 버는 것이 스타트업 투자다.

전문적인 스타트업 투자자라면, 투자금에 대한 창업자의 연대보증을 요구하지 않아도 이익을 낼 수 있다. 2개의 대박 투자만 보면, 투자자가 너무 많이 수익을 가지는 것처럼 보일 수도 있고, 심지어 도박처럼 느낄 수도 있다. 하지만 실은 8개의 망한 투자 손실을 2개의 대박으로 메우는 것이다.

약간 다른 관점으로 본다면, 투자자를 매개로 해서 성공한 창업자가 실패한 창업자를 돕는 구조로 볼 수도 있다.

여하튼 이런 독특한 구조로 인해 새로움과 혁신을 지향하는 예비창업자들은 평균이 실패인 스타트업에 도전하는 기회를 얻을 수 있고, 흔치는 않겠지만 아주 크게 성공할 수도 있다.

....

스타트업 투자의 이런 독특한 속성으로 인해 창업자들은 2가지 정도를 기억해야 한다.

하나는, 스타트업 투자자들은 성공할 경우에는 대박이 가능한 사업을 원한다는 것이다. 다수의 실패를 소수의 성공으로 메워야 하므로 성공 가능성만큼 성공의 크기를 중요하게 여긴다. 투자자에게 안정적인 투자라고 강조하는 것은 그리 득이 되지 않는다.

다른 하나는, 투자를 많이 받는다고 무조건 좋은 것은 아니라는 점이다. 많은 돈은 창업자에게 오히려 독이 될 수도 있다. 제한된 자원이 축복이 될 수 있다. 제약은 선택과 집중을 부르며, 창의성의 원동력이기도 하다.

스타트업은 단계적으로 성장하기 때문에 투자자들 또한 스타트업 성장 단계에 따라 다소 다른 특성을 가지는데, 보통 다음 그림과 같이 구분할 수 있다.

초기에는 창업자들 혹은 창업 팀과 같은 사람 중심의 투자 기준을, 후기에는 사업 중심의 투자 기준을 가지는 것이 보통이다. 초기에는 사업의 성과가 거의 없기에 창업자의 비전, 믿음, 실행력 등이 중심일 수밖에 없고, 스타트업이 성장할수록 사업의 성과가 있기에 스타트업 구성원들뿐 아니라 사업까지 포함해서 투자 여부를 판단할 수 있다.

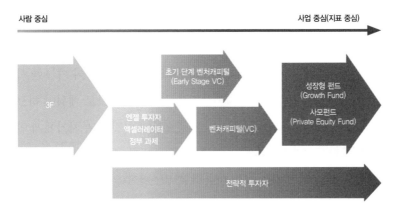

〈성장 단계별 투자자〉

3F

스타트업을 시작하는 시기의 대표적인 투자자는 3F라고 부르는데, 이는 Founder(창업자), Family(가족), Friends(친구)의 약자다.

창업자 스스로 초기 자금을 투자할 수도 있다. 여기에는 본인 스스로 책정한 낮은 임금에 대한 기회비용도 포함된다. 창업자가 다른 회사에서 일할 때 받을 수 있는 기본급을 포기한 것도 실제로는 투자금인 것이다.

친구와 가족의 공통점은, 창업자를 잘 알고 믿는다는 것이다. 친구와 가족은 창업자의 사업 계획을 들어도 잘 이해하지 못할 수도 있다. 친구와 가족이 창업자에게 잘될 거라고 말해도, 창업자를 신뢰하기 때문이지 사업을 판단해서 한 말은 아닐 수도 있다. 즉, 이 단계는 보통 사업보다는 창업자라는 사람 중심으로 투자가 된다.

사람들은 농담처럼 3F에 Fool(바보)을 더해서 4F라고 하기도 한다. 이 농담에는 초기 투자가 그만큼 성공하기 어렵다는, 그래서 그만큼 비이성적이라는 의미가 있다.

엔젤 투자자(Angel Investor)

엔젤 투자자는 보통 초기 스타트업에 투자하는 개인 투자자를 지칭한다.

개인 투자자이기에 일반화하기 힘들지만, 보통 성공한 창업자가 엔젤 투자자로 발전하는 경우가 많다. 창업을 통해서 돈을 벌었고, 스타트업과 관련된 역량, 경험, 인맥 등도 있으며, 스타트업의 핵심 가치인 혁신과 사회 발전을 믿는 가치관이 여전하고, 후배 창업자에 대한 관심과 애정이 있기 때문이다.

필자는 1세대 벤처를, 휴맥스로 대표되는 1990년대 중후반에 성공한 제조업 기반 벤처들을 꼽는데, IMF 등을 겪으면서 살아남은 곳이 많지 않다. 2000년대 초충반에 성공한 네이버로 대표되는 2세대 벤처는 상대적으로 많이 생존했고, 해당 스타트업의 창업자들과 핵심 인재들 다수가 부자가 됐으며, 그들 중 일부가 엔젤 투자자로 활동하고 있다.

성공한 스타트업이 많아질수록 엔젤 투자자가 늘어나고, 엔젤 투자자가 늘어나면 스타트업 투자가 많아지며, 결국 성공한 스타트업이 탄생하는 선순환이 필요한데, 한국 스타트업 생태계의 역사는 다소 짧은 편이다.

그렇기에 창업자들이 엔젤 투자자를 만날 기회와 환경이 많지 않고, 만나더라도 개인적 인맥에 의존하는 경우가 많다. 따라서 엔젤 투자를 받기 위해서는 수많은 네트워킹 행사나 창업 경진 대회, 컨퍼런스 등에 발품을 팔아야 한다.

액셀러레이터(Startup Accelerator), 그리고 정부 과제

일종의 스타트업 교육기관 역할을 하는 액셀러레이터나 스타트업을 위한 정부 과제의 경우, 그 특성상 지원 기회를 외부에 투명하게 공개하는 편이다. 스타트업들도 이 같은 공식 경로를 통해서 지원하면 되고, 통상 이 두 가지는 동시에 노리는 것이 좋다.

한국 스타트업 생태계가 발전 중이지만 여전히 부족하기에 정부 과제를 통해서 유입되는 자금이 액셀러레이터나 엔젤 투자자를 통한 투자금에 비해서 적지 않다. 아직은 다소 적은 엔젤 투자자, 액셀러레이터, 초기 단계 벤처캐피털 등을 정부가 보완하는 모양새다.

이 단계의 투자자들이 해주는 역할은 단순한 투자금 제공만이 아니다. 액셀러레이터는 스타트업에 필요한 역량을 강화시키는 교육, 각종 네트워킹 행사, 업무 공간 제공 등을 통해 스타트업의 실패 확률을 줄이기 위한 노력을 한다.

엔젤 투자자와 액셀러레이터는 스타트업에 흔한 실수를 줄여주거나, 사업 성공에 필요한 조언도 많이 한다. 게다가 후속 투자자들이 명망 있는 엔젤 투자자나 액셀러레이터에게 투자를 받은 스타트업을 선호하는 경우도 있다.

초기 단계 벤처캐피털과 벤처캐피털

벤처캐피털(VC, Venture Capital)은 초기 단계 벤처캐피털(Early Stage VC)과 벤처캐피털로 나눌 수 있다. 양자 모두 사업이 궤도에 오르기 전에 투자한다는 점은 동일하지만, 투자 대상이 되는 스타트업의 성장 단계와 중점으로 보는 투자 기준에서 다소 차이가 있다.

초기 단계 벤처캐피털은 사업 계획을 포함한 다양한 측면을 검토하지만, 특히 팀의 자질과 성장 가능성을 중요하게 본다. 공동 창업자들은 어떤 계기로 만났는지, 팀의 학습 능력과 실행력은 어떠한지, 구성원들 간 상호 신뢰나 사업에 대한 열의와 애정은 어떤지 등이다. 완성된 제품과 서비스가 없더라도 창업자들의 가설 일부를 검증할 수 있는 최소 요건 제품(MVP, Minimum Viable Product)만 있는 단계라도 투자를 결정한다.

벤처캐피털은 초기 단계 벤처캐피털이 중요하게 보는 것을 포함해 지표 위주의 판단을 중시한다. 핵심 고객의 충성도, 트래픽 추이, 매출 상황 등 핵심성과지표(KPI, Key Performance Index)를 꼼꼼하게 검토해 투자를 결정한다. 특히 최근에는 스타트업의 사업 성과를 지표화하는 도구들이 상당히 발전 중이기에 지표를 꼼꼼하게 따지는 경향이 더욱 강화되고 있다.

전략적 투자자(Strategic Investor)

투자자는 투자 목적에 따라 재무적 투자자(Financial Investor)와 전략적 투자자로 구분된다. 재무적 투자자의 투자 목적은 오로지 재무적 이익, 즉 수익이라는 점에서 단순하다. 앞서 살펴본 엔젤 투자자, 액셀러레이터, 벤처캐피털이 대표적인 재무적 투자자들이다.

전략적 투자자들은 보통 대기업, 중견기업, 혹은 기업 주도형 벤처캐피털(CVC, Corporate Venture Capital) 등인데, 이들의 투자 목적은 다소 복잡하고 다양하다. 재무적 이익과 별개로, 전략적 투자자의 인수 합병 가능성, 경쟁이나 적대적 관계 방지, 산업 생태계 강화, 핵심 기술 확보 등과 같이 다양할 수 있다.

결국 전략적 투자자의 투자 니즈는 상황에 따라 다르며, 보통 이들은 투자 대상이 그들의 니즈에 부합하는 경우에만 투자한다. 그렇기에 창업자들은 전략적 투자자의 니즈를 우선 파악해야 하며, 전략적 투자를 유치할 때는 단순한 재무적 윈윈 관계뿐 아니라 전략적 관계를 맺겠다는 결정을 해야 한다.

성장형 펀드(Growth Fund)와 사모펀드(Private Equity Fund)

성장형 펀드나 사모펀드는 보통 재무적 목적으로만 투자하는 펀드로, 이들은 철저하게 실적과 지표 위주로 투자를 결정하며, 상대적으로 큰 규모의 투자를 도모하는 경우가 흔하다.

만약 당신이 창업자이고 성장형 펀드 혹은 사모펀드와 투자 협의를 하고 있다면, 성사 여부와 별개로 진심으로 축하한다! 당신의 스타트업이 재무적인 성과를 명확히 내고 있고, 생존의 문제에서는 벗어나 본격적인 성장을 앞두고 있다는 뜻이기 때문이다.

본엔젤스

대표적인 초기 단계 벤처캐피털로, 필자가 속한 본엔젤스를 소개한다. 또한 본엔젤스가 투자를 검토할 때 고려하는 사항도 소개한다. 벤처캐피털에 대한 이해를 높일 수 있을 것이라 기대한다.

본엔젤스(www.bonangels.net) ▼

본엔젤스는 한국 최초의 초기 단계 벤처캐피털이다. 초기 스타트업에만 전문적으로 투자한다. 2007년부터 필자와 강석흔, 송인애 3명의 파트너가 시작했다. 현재는 다수의 파트너들과 심사역들이 함께 일하는데, 금융계 출신도 있으나 다수가 창업과 M&A를 경험했고, 이공계 출신이 절대 다수다.

성공한 창업자들의 자금과 기업 투자금으로 조성된 민간 펀드를 운영 중인데, 한국 벤처캐피털 중 최초로 민간 자금만으로 형성된 펀드로, 일종의 창업 생태계 선순환을 실천 중이다.

설립부터 10년간 110여 개 스타트업에 투자했고, 최근에는 좀 더

활발하게 투자를 진행 중이다. 특정한 영역을 가리지 않지만 소프트웨어, 서비스, 이커머스 등 IT 분야에 주로 투자했다.

본엔젤스의 가치 중 하나는 페이스메이커(pace maker)다. 마라톤의 페이스메이커와 유사하다. 스타트업 성장에 조력과 조언을 아끼지 않으며, 창업자들이 꾸준히 힘낼 수 있도록 교감하고 도우려 노력한다. 역량과 경험 있는 파트너들이 스타트업들이 실수를 줄이고 성공에 집중할 수 있게 돕는다.

본엔젤스도 시행착오와 몰입을 통해 스스로 혁신하는 스타트업의 정신을 동일하게 가지고, 한국 스타트업 생태계 발전과 더불어 지속적으로 발전 중이다.

본엔젤스의 투자 기준 ▼

본엔젤스도 스타트업의 성공이 비정형적이라는 점을 명확히 인식하고, 스타트업의 개별 스토리에 집중한다. 정형화된 기준과 방식으로 투자를 검토하지 않는다. 그럼에도 스타트업이 사람과 돈으로 빠르게 성장하는 혁신형 사업이라는 공통점이 있기에 기본적인 투자 기준은 어느 정도 설명할 수 있다.

단순하게 말하면, 본엔젤스의 투자 기준은 '업(業)과 업(業)에 부합하는 팀'이다.

성장 가능한 업

업이란 창업가가 하고자 하는 사업이 속한 시장과 그 시장에서 이루고자 하는 바를 의미한다. 보통 사업 계획서로 표현된다. 해당 사업이 왜 지금 필요하게 됐는지, 사업의 성장 가능성과 크기는 어느 정도인지 등을 고민한다.

스타트업 투자의 특성상 성장 가능한 사업인지를 특히 주목한다.

업에 부합하는 팀

업에 부합하는 팀이란, 창업 팀이 업을 일정 수준 이상으로 성장시키기 위한 최고의 역량을 갖고 있는지를 의미한다. 사업마다 필요한 역량과 경험은 다르기에 개별 스타트업마다 고려하는 바가 다르다.

그럼에도 스타트업의 특성으로 인해 공통적으로 필요한 역량이 있는데, 바로 학습력과 실행력이다. 새로운 영역에서 빠른 실행과 시행착오를 반복하면서 필요한 지식과 경험을 빠르게 획득해야 하는 것이 스타트업이다. 따라서 동일한 여건이라면 실행력과 학습력이 뛰어난 팀의 성공 가능성이 높을 수밖에 없다.

공동 창업의 선호

본엔젤스는 공동 창업을 선호한다.

물론 1인 창업에도 투자를 한다. 1인 창업이라고 모두 실패하는 것도 아니고, 핵심 인재가 초기부터 함께하는 경우도 있다. 또한 초기에 필요한 핵심 역량을 한 사람이 모두 가질 수도 있다.

다시 강조하지만, 다른 벤처캐피털처럼 본엔젤스도 투자 기준뿐 아니라 스타트업의 개별 스토리에 집중한다. 또한 본엔젤스 내부 사람들조차도 투자에 대한 판단이 서로 다른 경우가 많다는 점을, 그만큼 초기 스타트업 투자는 예술(art)에 가깝다는 점을 기억하자.

창업자와 투자자

창업자들은 투자를 받기 원한다. 인재 채용, 마케팅, 경쟁사 대응, 필요한 설비 구매 등 어떤 이유에서든 자금을 조달해야 하는 것이 현실이다.

그럼에도 투자를 감나무 밑에 누워 홍시 떨어지기를 기다리는 듯하는 창업자도 많다. 투자와 관련된 깊은 고민이 부족한 것이다. 그러면 투자 유치 가능성도 떨어지고, 투자금을 받아도 적절하게 사용하지 못할 가능성이 높다.

투자를 받기 전 고려 사항 ▼

투자 유치는 지난한 과정이다. 창업자의 에너지를 상당히 소모한다는 점을 인식하고, 창업자는 투자 유치의 필요성을 숙고해야 한다. 특히 투자를 통해서 사업이 다음 단계로 성장할 수 있는지, 이를 투자자에게 어떻게 설득할지 고민해야 한다.

투자 유치의 필요성

모든 사업이 투자를 받아야 할 필요는 없다. 시장에서 경쟁이 없거나 미비한 경우, 굳이 투자를 유치해서 빠른 성장을 원하는 투자자들의 압박을 느낄 필요가 없다. 자영업의 경우, 즉 혁신을 통한 빠른 성장을 지향하지 않는다면, 투자자들의 관심 밖일 수도 있다.

현실적으로 구성원들의 월급을 위한 돈은 필요하다. 하지만 구성원들에게 월급을 주는 것이 해당 스타트업의 비전, 목표, 지향점은 아닐 것이며, 투자자들이 투자를 결정하는 이유도 아닐 터다.

다음 단계에 대한 구상

투자를 유치할 때는 이번 투자금을 활용해서 다음 투자까지 회사가 어떤 모습으로 변해 있을지를 깊이 고민해야 한다. 다음 투자 단계까지의 결과물과 목표가 명확해야 한다. 그리고 이를 투자자에게 설득할 수 있어야 한다.

앞서 살펴본 대로 초기 단계 벤처캐피털들은 팀을 중심으로 투자를 검토하지만, 다음 단계 벤처캐피털들은 핵심성과지표(KPI)를 반드시 필요로 하는 경우가 많다. 초기 단계 벤처캐피털의 투자를 받았다면, 해당 투자금을 잘 활용해 다음 단계 투자자들에게는 우상향하는 핵심성과지표를 보여줘야 한다. 단계별로 성장과 변화가 명확해야 한다.

투자자의 관점

투자자들은 모두 성장 가능한 스타트업, 결국 투자자들에게 이익을 안겨줄 스타트업에 투자하기를 바란다.

하지만 모든 투자자가 동일한 기준으로 투자를 검토하고 판단하는 것은 아니다. 투자자마다 특별히 관심 있거나 남들보다 잘 판단하는 분야가 있다. 투자 금액 규모에 따라 투자자의 성향이나 주로 검토하는 스타트업 성장 단계가 다르다. 그렇기에 창업자는 투자자 입장에서 생각해볼 필요가 있다.

투자 유치의 기회비용

투자 유치 과정은 힘들고 고되다. 설명 자료를 준비하고, 투자자들을 만나며, 자신의 사업을 반복해서 발표하고, 수많은 거절을 겪는 것은 여간 힘든 일이 아니다. 따라서 창업자는 팀과 사업에 집중할 시간과 에너지가 줄어드는 것을 각오해야 한다.

이런 과정을, 심지어 투자 성공의 보장도 없으니 무한정 계속할 수는 없다. 창업자는 계획한 기간에 투자를 받지 못한다면, 한동안 깨끗하게 잊고 사업 본연에 집중하는 것이 나을 수 있다.

> **투자자와의 교류**   ▼

투자자를 찾고, 만나고, 대화하는 과정은 창업자의 시간과 노력을 소모시킨다. 어떤 자세인지에 따라 값진 시간이 될 수도 있고, 실망스러운 순간의 연속이 될 수도 있다. 유념해야 할 사항들을 살펴보자.

한꺼번에 만나라

계획한 투자 유치 기간에 가급적 여러 투자자들을 동시에 만나는 것이 좋다. 긍정적인 대화가 오가거나 구체적 계약 내용이 논의되더라도 투자금이 입금될 때까지는 완료된 것이 아니다.

드라마처럼 투자가 전격적으로 결정되는 경우는 드물고, 투자자와의 교류 기간도 필수적이다. 따라서 순차적으로 투자자를 만날 경우 상당히 오랜 시간이 걸리는 현실적 문제도 있다.

리드 투자자에게 집중하라

능동적으로 투자를 검토하고 투자 과정을 주도하는 투자자를 리드 투자자(lead investor)라고 한다. 그런데 모든 투자자가 리드 투자자의 역할과 성향을 가진 것은 아니고, 투자 건마다 다를 수도 있다.

창업자는 해당 투자 건을 이끌 수 있는 리드 투자자를 확보해야 한다. 투자자가 많더라도, 그들이 모두 수동적이고 투자를 이끄는 성향이 약하다면, 투자 유치 과정이 끝나지 않을 가능성이 높다.

대부분 투자자들은 의사 표현을 명확히 하지 않는다

여러 이유로 투자자들의 의사 표현이 명확하지 않을 때가 많다. 본인들도 모르는 것이 많고, 판단을 주저할 수 있으며, 본인들의 직관과 경험을 설명하기 힘들 수도 있고, 투자사 내부 상황을 말하기 힘들 수

도 있다. 심하게 말하면, 투자하기 전까지는 창업자의 일은 투자자 입
장에서는 남의 일이다.

비슷한 맥락에서 투자자가 지적한 문제점들을 개선하면 투자가 성
사될 것이라고 창업자가 기대해서는 안 된다. 또한 투자자의 무응답
상태가 지속된다면 투자에 다소 부정적일 가능성이 높으니 필요하
면 무작정 기다리지 말고 명확히 확인해보기를 권한다.

비전은 소수에게만 보인다

필자는 투자란 투자자가 창업자의 비전을 웃돈을 주고 사는 것이
라고 생각한다. 창업자의 비전에 모든 투자자가 공감하는 경우는 거
의 없다. 창업자는 다수의 투자자가 자신의 비전을 외면해도 크게 실
망할 필요가 없다. 소수의 투자자만 창업자의 비전과 성공을 믿는 경
우에도 투자가 성사될 수 있다.

단, 다수의 우려나 부정적인 의견 등 투자자가 언급하는 합리적 의
심을 경청하고 고민하는 자세는 필요하며, 그 과정에서 창업자의 비
전이 더욱 공고해지고 구체화된다.

투자자들에게 맞추지 말자

창업자가 투자에 급급한 나머지 투자자에게 맞추려 하는 것은 금
물이다. 투자자들도 수없이 실패한다. 사업에 대한 고민은 투자자보
다 창업자가 깊어야 하므로 창업자가 투자자에게 맞추는 것은 본말
전도다. 사업에서 절대적으로 귀를 기울여야 할 유일한 대상은 해당

사업의 고객일 뿐 투자자는 아니다.

창업자의 모습과 믿음을 좀 더 잘 전달하기 위한 포장은 필요하겠지만, 분식은 곤란하다.

투자자와의 관계를 단절하지 말자

하루하루가 치열한 창업자에게는 투자자와의 관계를 유지하는 것도 부담스럽겠지만, 관계를 적절히 유지하면서 투자 유치 이외에도 취할 수 있는 것들을 취하는 것이 좋다.

투자자들이 던지는 질문들에 답하려고 노력하면서 창업자들은 많이 배운다. 투자자들의 경험과 업계 네트워크를 창업자들 스스로 쌓기는 쉽지 않다. 게다가 스타트업 투자 업계는 연결되어 있기에 창업자 평판은 투자자 커뮤니티에 쉽게 퍼져 나간다.

좋은 투자자의 요건 ▼

창업자들은 때로 어떤 투자자를 만나야 하는지 물어본다. 필자는 보통 "당신에게 투자를 하는 투자자를 만나야 한다. 당신에게 투자를 하는 투자자가 좋은 투자자다"라고 답한다. 투자 유치가 그만큼 어렵다는, 그렇기에 당신을 믿어주는 투자자가 좋다는 의미다.

한국에서는 스타트업의 숫자 대비 투자자의 숫자가 많지 않은 듯하다. 불합리한 계약 조건들을 요구하지 않는다면, 투자를 하는 투자자가 좋은 투자자다. 투자자의 기본적 역할과 책임은 자금 제공이다.

그럼에도, 창업자가 투자자의 여러 측면을 좀 더 고려할 수는 있는데, 다음과 같다.

투자자의 경험과 지혜

초기 스타트업에는 투자자의 경험과 지혜가 큰 도움이 된다. 특히 창업이 처음이거나 실패 경험이 있는 창업자라면 더욱 그렇다. 지혜로운 투자자는 창업자의 고민에 깊이 공감하며, 실천적인 조언들을 들려준다.

과거에 창업을 직접 해봤던 투자자는 그렇지 않은 투자자와 근본적으로 다를 수밖에 없다. 창업 경험이 없더라도 다양한 투자를 통해 여러 사업을 간접 경험해본 투자자들도 훌륭할 수 있다. 창업자는 투자자의 기존 투자 이력을 훑어볼 필요가 있다.

투자자와의 생산적 대화

투자자와 창업자 사이의 생산적 대화도 중요하다. 창업자와 투자자는 많은 대화를 나눠야 한다. 때로는 지분율 배분, 공동 창업자 사이의 충돌, 핵심 인재의 퇴사 등과 같은 민감한 주제를 다뤄야 한다. 계약 조건만으로는 건설적 관계를 형성하기 쉽지 않다.

초기 스타트업에서 투자자가 투자를 결정할 때도 그렇지만, 창업자가 투자자를 고를 때도 사람 중심이면 좋다.

후속 투자, 혹은 사업 확장에의 도움

오랫동안 투자해온 투자자일수록 다양한 인맥을 맺고 있을 가능성이 높다. 투자한 스타트업에 있었던 사람들, 해당 스타트업이 했던 사업의 관계자들, 비슷한 투자 업계 사람들 등등. 투자자의 평판이 훌륭하다면, 해당 인맥이 스타트업에 긍정적 도움이 된다.

투자자가 투자한 스타트업들이 후속 투자를 유치한 경우가 많을수록, 투자자가 보다 많은 후속 투자자들과 관계를 맺고 있을 가능성이 높다. 후속 투자자들과 함께 돈을 번 경우가 많다면 그 관계는 더욱 돈독할 것이다.

사업 확장, 특히 한국 이외의 시장으로 진출 계획을 가졌을 경우, 동일한 조건의 투자라면 글로벌 네트워크가 있는 투자자가 더욱 좋을 것이다.

다만 인맥이 가치를 창출하지는 않는다는 점을, 인맥은 가치를 증폭시킨다는 점을 기억하자.

스타트업의 성공까지는 평균 8~9년이 걸린다. 투자 유치 자체가 가장 중요하나, 보다 훌륭한 투자자와 함께하는 것은 창업자가 멋진 회사를 만드는 데 큰 도움이 된다.

우아한형제들

김봉진은 아이폰으로 상징되는 스마트폰 혁신이 시작되던 2009년, 스마트폰을 활용해 일상의 편의를 개선할 수 있는 사업을 고민하기 시작했다. 웹 에이전시 이모션을 시작으로 네오위즈, NHN에서 디자이너로 일하면서 스마트폰 출현을 상대적으로 일찍 접했기 때문이었다.

하지만 네오위즈 퇴사 직후 본인이 의욕적으로 시작했던 가구 사업을 완전히 망해본 경험이 있었기에 다소 조심스러웠고, 무엇보다 고객 관점에서 고민했다.

김봉진의 시선을 사로잡은 것은 세칭 '찌라시'라 불리는 배달 업소 홍보용 전단지였다.

우리 일상의 일부인 외식 배달업은 업소의 홍보와 판촉을 전단지에 의존하는 경향이 높다. 하지만 배달 업소 입장에서는 적잖은 비용도 문제거니와 냉장고에 붙어 방치되거나 바로 휴지통으로 버려지는 등 전단지의 효율성에 대해서도 늘 물음표가 있었다.

이러한 현실에서 시장 기회를 간파한 김봉진은 '21세기 첨단 찌라시'를 구상해 구체적인 사업 기획과 실행에 착수했다.

‥‥‥

　디자이너 출신인 김봉진의 구상을 구현하기 위해서는 개발을 책임질 역량과 경험이 있는 개발자가 가장 절실했다. 개발자에게 돈을 많이 줄 여건도 아니었고, 돈을 많이 준다고 제대로 개발할 것이라는 보장도 없으니 선택의 여지가 그리 크지 않았다.
　마침 시스템 통합(SI, system integration) 업체에서 개발자로 근무하던 셋째 형 김광수를 찾아가 사업을 시작해보자고 제안했고, 의기투합한 두 형제는 우선 간단한 아이폰용 앱 개발을 1차 목표로 정했다.

　시작은 소박했다. 무자본 창업이었다. 법인 설립, 자본금이나 외부 투자 유치 등에 대해서 크게 고려하지 않았으며, 다 같이 열심히 일해 수익을 창출하여 그때그때 필요한 운영비를 충당하면 될 것 같았다.
　오히려 어떤 아이디어를 구체화해서 어떻게 앱을 만들 것인지 집중했다. 생활 속의 불편을 혁신하고 싶었고, 디자인의 역할에 대한 남다른 철학이 있던 김봉진은 앱을 시각적으로도 차별성이 느껴지게 만들고 싶었다.

‥‥‥

　박일한에게 김봉진은 오랜 친구였다. 중학교 3학년 때 같은 반 친구로 만나 한 번도 다툰 적이 없을 정도로 우정을 나눈 사이였다.
　2009년, 김봉진이 배달 앱에 대한 아이디어를 처음 말하며 박일한의 생각을 물었을 때 그는 "먹는 니즈야 늘 있어왔으니 괜찮을 것 같은데. 배달이야 늘 이용하는 것이고 말야"라고 공감하면서 대화를 나눴다.

　친구 김봉진이 가구 사업을 실패했을 때 안타까운 마음에 '나중에라도 같이 일을 함께해보면 어떨까?'라는 생각을 막연히 한 적은 있었지만, 이 대화가 우아한형제들 합류로 이어질지는, 그리고 개발을 제외한 경영 전반을 챙기게 될지는 몰랐다.

　박일한이 어머니께 "봉진이랑 스마트폰 관련 사업을 같이하기로 했어요. 회사에는 사표를 내고요"라고 말씀드렸을 때 아들의 설렘과 확신에 찬 감정을 읽은 것일까, 박일한 모친은 "많이 고민했을 테니 알아서 잘해라"라며 의외로 차분한 반응을 보였다.

　하지만 나중에 누님이 말하길, 어머니가 "뭔가 핸드폰으로 하는 사업이라는데 걱정이야. 망하기라도 하면 큰일인데"라며 염려가 크셨다고 했다. 특히 정기적으로 드리던 용돈을 한동안 못 드리자 혹시 아들의 수입이 하나도 없는 것은 아닌지 심려가 더욱 컸다고 했다.

••••

　김수권이 우아한형제들을 처음 방문했을 때 박일한은 손수 톱을 들고 의자 다리를 수선하고 있었다. 두 형제와 박일한 등 3명이 머물렀던 곳은 강남 교보타워 뒤쪽에 사무실이라고 부르기도 민망한 1평 남짓한 공간이었다. 김봉진의 지인이 개인 사무실 일부를 빌려준 것이었다.

　제약 회사에 다니던 김수권은 학창 시절 창업 동아리 회장도 해서 스타트업이나 창업에 관심이 있긴 했으나 막연하게 본인의 얘기는 아니라고 생각했다.

첫 방문을 계기로 가끔 연락하고 필요한 도움을 주는 관계로 발전했는데, 어느 날 김봉진과 4시간 정도 장시간 면담을 하게 됐다. 면담 과정에서 김수권은 본인이 서비스에 대해 갖고 있었던 아이디어들과 생각들을 쏟아냈다.

조용히 경청하던 김봉진은 "저희 회사에 오셔서 말씀하신 것들, 해보고 싶은 것들 다 해보시는 것이 어떠세요?"라며 함께할 것을 권유했다.

김수권이 스타트업 이직 결정을 주변에 알렸을 때 안정적 직장을 떠난다며 "우아한형제들? 회사 이름도 이상하고 도대체 뭐하는 회사야? 괜한 짓 하지 말고 정신 차리지"라고 대부분은 냉담하거나 우려하는 반응을 보였다.

다른 무엇보다 스마트폰 관련 사업을 설명하기 힘들었다. 아이폰 열풍 초기로 성공 사례가 거의 없어서 설명이 더 힘들었다. 또한 흔히 '대박' 혹은 '쪽박'으로 포장되는 스타트업 관련 언론 기사들로 주변의 오해도 많았다.

••••

서비스 준비의 핵심 업무 중 하나는 전단지 수거와 해당 정보를 DB화하는 작업이었다. 가장 확실한 배달 업소 정보를 얻을 수 있는 것이 전단지였기 때문이었다.

고객들이 스마트폰으로 앱을 사용하기에 스마트폰 사용량이 많은 강남 지역의 전단지에 우선 집중했다. 전단지를 버리는 것이 일상인 아파트 경비원들과 청소원들의 도움도 많이 받았다. 추후 투자를 위해 벤처캐피털에 발표하러 갔을 때는 투자자가 직접 앱을 사용해볼 것 같아서 인근 1km 내에 있는 모든 전단지를 뒤져서 해당 정보를 입력하기도 했다.

전단지를 어찌나 많이 수거하고 다녔는지 나중에는 멀리서 전단지만 봐도 어떤 업종인지 구별할 수 있을 정도였다.

전단지를 수집하는 일은 창업 초기뿐 아니라 우아한형제들이 어느 정도 성장한 이후까지도 지속되어 전국의 전단지를 수거하는 '대동여지도'라 불린 내부 프로젝트로 발전했다.

우아한형제들 임직원들이 명절이나 주말에 고향이나 집에 가면, 앱에 없는 배달업소의 전단지를 확보해서 돌아왔다. 아르바이트생 조직을 구성해 특정 지역의 전단지를 일괄적으로 수거하기도 했다. 심지어 사업 경험이 있는 김봉진의 장인은 전단지와 책자를 집에 쌓아두었다가 사위 방문에 맞춰 전달하곤 했다. 서울 강동구의 정보가 특히 많았던 이유였다.

수집한 전단지는 일일이 스캐닝하고 DB화해 서비스에 반영했는데, 전단지마다 형식도 다르고, 내용이나 사진 등도 제각각이었기에 전단지 정보의 DB화 또한 상당히 고비용의 고생스러운 작업이었다.

업무의 이런 속성으로 대기업이나 대형 포털이 쉽게 시작하기 힘들었고, 우아한형제들이 고생하는 만큼 역설적으로 우아한형제들의 핵심 경쟁력으로 자리 잡았다.

· · · ·

2010년 6월, '배달의민족' 앱을 처음 배포하기까지도 우여곡절은 많았다. 무엇보다 4월에 유사한 기능의 '배달통' 앱이 배포됐고, 5월에 '배달 114' 앱이 배포됐다. 비슷한 앱들이 먼저 나와서 선점 효과도 사라진 것 같았고, 혁신하자고 모였는데 굳이 비슷한 서비스를 할 필요가 있느냐는 의견도 있었다.

토론 끝에, 배달통이나 배달114 등의 존재를 모르고 독자적으로 만들었기에 그 나름 의미가 있을 것이라 판단해 예정대로 배포를 추진했다.

하늘이 도운 것일까, 배포를 위한 앱 스토어 심사가 공교롭게도 2010년 월드컵 직전에 완료됐다. 즉 배달의민족이 처음으로 배포된 직후 2010년 월드컵이 시작됐다.

토요일 밤늦게 대한민국의 축구 경기가 있었고, 앱 순위가 지속적으로 상승하기 시작했다. 월드컵 경기 기간에 배달이 폭증하는 것은 상식이었지만, 운 좋게 대한민국 경기 직전에 앱이 배포되기 시작하다니!

대한민국은 우루과이에 아쉽게 패했지만, 다음 날 배달의민족은 앱 스토어 1위를 달성했다.

해당 성과가 단순한 운은 아니었다. 앱 이름은 쉽게 와닿았고, 무엇보다 대부분 앱이 디자인에 별로 신경 쓰지 않을 때 배달의민족은 완성도와 위트 있는 디자인에 집중했다. 김봉진의 철학과 디자인이 제대로 힘을 발휘한 것이었다.

배달의민족은 앱 스토어 1위 달성에 이어 동년 12월에는 T스토어 전체 2위라는 괄목할 만한 성과를 내면서 지속 성장을 거듭한다.

••••

돈을 벌어야 했다. 돈을 벌고, 번 돈을 재투자해서 사업을 키운다고 자연스럽게 생각했다. 그렇기에 투자 유치보다 배달의민족 광고 사업을 더 깊이 고민했다.

배달의민족을 위한 광고 영업 조직을 바닥부터 구축하는 것은 비현실적이었다. 전단지와 잡지를 제작하고 배포하면서 배달 업소에 영업을 하는 '지역별 기존 조직'들을 활용하자는 역발상 아이디어가 나왔다.

전단지와 배달의민족은 경쟁 관계였지만, '지역별 기존 조직'이 배달의민족 광고 영업도 한다면, 그들에게는 추가 수입인 셈이었다. 즉 배달 업소는 '지역별 기존 조직'을 통해 기존처럼 전단지와 잡지로 광고를 할 수도, 새롭게 배달의민족에 광고를 할 수도 있게 하자는 아이디어였다.

2010년 10월 지역별 배달의민족 광고 대행사 계약을 시작했다. 이듬해 1월에는 전국의 전단지와 잡지 중심의 기존 광고 대행사들을, 즉 '지역별 기존 조직'들을 서울역에 모아 대규모 설명회를 개최했다.

변화에 보수적이고 반신반의하던 그들에게, 우아한형제들이 그들의 주 수입원인 전단지나 책자를 고사시키거나 그들의 고유 영역을 침범하려는 것이 아니라, 배달의민족 광고 대행이라는 추가 수입을 제공하여 상생하겠다고 설득했다.

설명회 직후에만 지역별 배달의민족 광고 대행사 계약을 수십 건 이상 이끌어내는 등 성과가 쌓여갔다.

그럼에도 현장에서의 시행착오는 상당했다. 무엇보다 광고 대행사들의 목소리가 제각각이었다. 지방에서 올라온 연배 높은 이들이 본인들의 주장을 두세 시간씩 강변하기 일쑤였다. 지역 독점권뿐 아니라 기존 관습과 지역 특성에 맞춰진 광고 상품을 요구했다.

또한 광고 대행사에게 특정 지역을 맡겼다고 안심하면 꼭 문제가 생겼다. 새로운 개념의 서비스였기에 현장에서는 예상치 못한 상황이 빈번했다. 영업을 책임지는 김수권의 주도로 많이 만나고, 자주 확인하고, 피드백을 지속적으로 반영하는 고단한 과정이 불가피했다. 직접 방문하기 힘든 지역에는 거의 매일 전화를 했다.

힘들고 고단한 과정이었지만, 반복이 습관이 되고, 습관이 원칙이 되면서 배달의민족 광고 사업의 체계가 자연스레 잡혀가기 시작했다.

지역 광고 대행사들은 배달 업소 정보를 최신으로 업데이트해주고, 지역의 배달 업소와 배달의민족이 상생할 수 있는 가교 역할을 했으며, 결과적으로 우아한형제들의 든든한 우군이 되었다.

····

성과는 인상적이었다. 배달의민족 다운로드 100만 건 이상, DB 등록 10만 건 이상 등 가시적인 지표들도 긍정적이었다. 하지만 돈을 버는 광고 사업은 돈을 쓰는 서비스에 후행하기에 서비스의 성장이 가파를수록 자금이 더욱 고민이었다.

김봉진은 실패도 경험했고, 돈을 벌어 사업을 한다고 자연스럽게 생각했기에 착수금이나 자본금이라 할 만한 목돈은 없었다.

초기 창업자들은 급여를 받지 않고, 노트북, PC 등도 본인 것을 사용했으며, 전자레인지 등 필요한 비품도 집에서 안 쓰는 것을 가지고 왔다. 신용보증기금 1,000만 원 대출 외에는 필요할 때마다 김봉진 대표가 사재를 출연해 버티는 상황이었다.

서울역 사업 설명회의 성공을 자축하는 회식 자리에서도 고기를 먹을 수 있느냐, 1인분이냐 2인분이냐를 논의할 정도였다. 이벤트에 50만 원을 쓴 것이 효과적이었냐 아니었냐, 5만 원 정도의 금고 구입도 꼭 필요한 일인지, 왜 필요한지 논의하는 분위기였다.

조직 차원에서는 근검절약하는 긍정적인 풍토로 발전했지만, 꼭 필요한 인재 충원이나 서버 확충, 마케팅 활동 등에 부정적인 영향을 주고 있다는 점은 확실했다. 상승세인 지표들을 더욱 확실하게 증가시키기 위해서는 추가적인 자금이 절실했다.

••••

서울역 사업 설명회 당시, 김봉진의 설득력 있는 발표를 유심히 관찰하던 사람이 있었다. 본엔젤스 강석흔 파트너였다.

그는 김봉진의 한 선배에게 사업을 하고 있는 후배 회사를 검토해달라는 부탁을 받고, 우선 먼발치에서 살펴보기 위해 설명회를 참관했다. 김봉진이 배달 앱의 홍보 효과 및 사업성에 대해서 체계적으로 설득하는 모습을 보고 '사업 실패 경험이 있는 디자이너 출신 사업가'라는 우려와 선입관이 불식되었고, 긍정적인 관점으로 투자 검토를 시작했다.

김봉진과 강석흔의 관계는 다소 특이했다. 창업자가 투자자에게 투자를 요청하는 일반적인 관계라기보다는 김봉진이 강석흔에게 많은 조언을 구하는 모양새였다.

김봉진은 강석흔에게 투자는 왜 필요한지, 어떤 기업이 투자를 받아야 하는지, 좋은 투자란 무엇이고 어떤 투자자를 만나야 하는지 등을 끊임없이 질문했다. 또한 초기에는 투자보다 서비스에 대한 조언을 더 많이 구하기도 했다.

강석흔은 이후 "투자한 회사 대표님 중에 저를 가장 귀찮게 하고 잘 활용하신 분이 김봉진 대표입니다"라고 밝힐 정도로 투자 확정 이후에도 김봉진은 강석흔에게 수많은 질문을 했고 조언을 구했다.

....

2011년 초순, 본엔젤스의 투자 심사를 통과한 우아한형제들은 당시에도 개인사업자 형태였다. 투자를 위해서는 법인이 필요하다는 점을 처음으로 인식해 법인을 설립했다.

법인 설립과 동시에 호칭도 확립했다. 대부분 지인들이었기에 자연스러웠던 "봉진아", "일한아" 등과 같은 지인 호칭 대신에 이름과 직급으로 부르고, 상호 존댓말을 사용하는 것으로 정했다.

처음 한 달 정도는 어색했다. 회식 자리에서는 "봉진아"라고 불러야 할까, "김봉진 대표님"이라고 불러야 할까, 점심 시간에는 어떻게 할까, 개인적인 상황일까, 업무의 상황일까. 결국 자연스러운 논의 끝에 모두 회사의 연장으로 판단해 식사와 회식 자리에서도 직급 호칭과 상호 존댓말이 자리 잡았다.

이런 원칙은 추후 개인적 인연이나 관계보다 개인의 역량과 경험에 따라 조직을 구성한다는 지극히 당연하고 건전한 조직 문화로 발전되었다.

한때 누군가는 "좋은 회사를 얻었지만 친구를 잃었다"고 탄식했지만, 자존심 문제나 인간적인 섭섭함보다 조직을 우선한 의사 결정을 철저히 지켰다. 이는 외부 인재 수혈과 조직 급성장의 발판이 되었다.

••••

투자 유치를 관장했던 박일한에게는 본엔젤스 투자금이 입금되자 기쁨보다 안도감이 찾아왔다. 긴장의 연속이었던 투자 유치가 완료되었고, 다른 투자처를 더 이상 찾지 않아도 됐다. 그간 허리띠를 졸라매면서 소수의 인원으로 밤낮없이 달려왔던 터라 '서버', '충원' 두 단어가 떠올랐다.

투자금은, 늘어나는 고객들을 위한 서버 확충, 업무 환경 개선을 위한 삼성동 사무실 임대, 그리고 필수 인원의 충원 등에 주로 사용되었다.

서버나 사무실은 돈으로 바로 해결할 수 있었지만, 충원은 여전히 어려웠다. 스타트업 선호도, 회사 인지도 모두 높지 않았다. 훌륭한 인재들은 면접도 쉽지 않았다. 채용이 확정된 사람이 지명도 높은 회사에 보다 나은 조건으로 가버린 경우도 있었다.

이런 상황에서 우아한형제들은 지인 채용 혹은 지인 소개를 통한 채용을 우선할 수밖에 없었다. 지인들에게 간곡히 부탁해서 인재를 소개받았다. 그리고 수시로 만나서 주도적으로 일할 수 있는 비전을 주고, 설득하고, 이해 시키려 노력했다. 그럼에도 다수는 막판에 미안해하면서 합류를 거절했다.

의도치 않았으나 결과적으로 신뢰할 수 있는 인재들, 도전 정신이 강한 인재들로 채워나갈 수 있었다. 척박한 환경에서 새로운 서비스를 성장시킬 수 있는 시행착오의 역량을 자연스럽게 갖춘 것이었다.

····

처음 들어보는 유럽계 회사가 우아한형제들에게 연락한 것은, 예상보다 빠른 성장으로 추가 투자 유치를 고민할 즈음이었다.

유럽 기반의 '딜리버리히어로'를 투자하고 육성한 '팀유럽'은, 배달 시장 의 성장을 확신한다며 우아한형제들과 함께하는 방안을 상의하고 싶다고 했다. 알아보니 우아한형제들을 한 단계 성장시켜줄 파트너가 될 가능성도 있었다.

김봉진은 강석흔과 함께 유럽으로 2박 3일 출장길에 나섰다. 김봉진은 전략적 제휴에 대한 경험이 적었고, 영어 또한 걸림돌이었다. 김봉진을 보 완할 적절한 역량과 경험을 갖춘 인재를 급하게 구할 수도 없었다. 결국 본 엔젤스 강석흔 파트너가 동행했다.

팀유럽은 형식적으로는 투자를 제안했지만, 실질 내용은 인수를 의미했 다. 직접 언급하지는 않았지만, 제안을 거절한다면 대규모 투자와 직접 서 비스로 우아한형제들을 죽이겠다는 뉘앙스도 내비쳤다.

팀유럽과의 교류와 병행해 다양한 벤처캐피털도 만났다. 그 과정에서 전 세계적으로 유사한 분야의 스타트업들이 다수 있으며, 규모 있는 사업으로 성장 중이라는 것을 깨닫게 됐다. 창업 초기에는 상상하지 못했을 정도로 시야가 넓어졌고, 우아한형제들의 목표와 그림 또한 좀 더 구체화되고 커졌다.

고민 끝에 스스로 좀 더 성장해보기로 결정했다. 팀유럽의 제안을 거절했고, 실리콘밸리 기반의 알토스벤처스가 리드하는 22억 원 투자를 2012년 2월에 유치했다.

누적 다운로드 수는 매달 거의 100만 건 단위로 급성장했고, 월간 주문량도 200만 건을 상회했다. 삼성동 사무실을 1년도 채우지 못하고 송파동 사무실로 이전했고, 인원도 스무 명 정도로 증가했다.

서비스의 급성장, 새로운 사무실, 실리콘밸리 기반 벤처캐피털의 투자, 좋은 인재들의 합류 등등. 2~3년의 고생이 결실을 맺는 느낌이었다.

* * * *

2012년 6월, 딜리버리히어로가 투자하고 설립한 '요기요' 서비스가 시작됐다. 분석해보니 우아한형제들도 준비 중이었던 '바로결제'라는 기능을 제외하면, 배달 업소 DB나 서비스 수준, 초기 지표 등 어떤 면에서도 크게 걱정할 만한 이슈는 없었다.

하지만 안도는 잠시, 요기요가 대규모 TV 광고를 시작하면서 분위기는 일순간 달라졌다.

요기요의 마케팅비는 얼추 계산해봐도 우아한형제들이 마지막으로 유치한 투자금보다도 큰 것 같았다. 근검절약으로 성장한 우아한형제들이 갖추지 못한, 대규모 자본력을 바탕으로 한 마케팅이 핵심 경쟁력처럼 보였다.

무엇보다 인지도가 역전되는 느낌이었고, 어떤 이들은 "배달의민족은 요기요 같은 회사인가요?"라고 묻기도 했다. 조직 전체에 위기감이 엄습했다.

요기요 이전에는 소규모 30여 개의 업체들과 2강인 배달의민족, 배달통이 있었다. 비슷한 시기에 시작한 배달통은 경쟁사였지만, 경쟁보다 시장을 함께 키우기 위해 상호 교류하고 서로 돕는 관계였다.

하지만 요기요는 상호 교류도 거의 없는 이질적 존재였다. 이질감이 위기감을 증폭시켰다.

대규모 마케팅에는 대규모 마케팅으로 맞불을 놓을 수밖에 없다고 판단했다. 마케팅비를 조달하기 위해 다수의 벤처캐피털들과 급하게 협의하기 시작했다. 하지만 대화를 진행할수록 싼 가격에 투자하기 위해 벤처캐피털들이 담합한 것처럼 느껴졌다.

돈이 급했지만, 애써 키워온 회사가 헐값으로 취급을 받는 냉혹한 현실 또한 위기감을 배가시켰다.

••••

위기는 기회라고 했던가. 마케팅 역량과 자원의 부재, 이질적 경쟁자, 자본의 이중성 등과 같은 위기는, 역설적으로 묘한 투지를 불러왔다. 내외부의 위기가 탄탄한 팀워크를 갖춘 우아한형제들에게 강한 승부 근성을 불러

일으킨 것이었다.

　하지만 훗날 우아한형제들이 훌륭한 투자자들을 찾고, 대규모 마케팅을 성공적으로 수행하며, 결과적으로 압도적 1위가 되는 계기가 될 것이라고는 누구도 예상하지 못했다. 다만 살아남아야 한다는 절박함과 그로 인한 투지가 불타올랐을 뿐이다.

한미 스타트업의 차이

한국과 미국은 정치, 경제, 사회, 교육 등 여러 측면이 다르고, 스타트업 생태계의 발전 역사나 형태도 다르다. 한국은 실리콘밸리를 벤치마킹해 발전하고 있지만, 실리콘밸리에서 나오는 여러 정보와 글들, 책들이 한국의 현실과 맞지 않은 경우도 있다. 한국과 미국의 차이를 학문적으로 다룰 것은 아니기에 여기서는 필자가 한국과 실리콘밸리를 모두 경험한 두 투자자와 나눈 대화를 정리해본다.

사람

한국의 창업자 vs. 미국의 창업자

한국 창업자들의 실력이 성장하고 있다. 젊은 창업자들은 특히 글로벌화되고 있다. 문화 다양성에 대한 포용성도 높아지고, 영어 능력 향상으로 언어 장벽도 훨씬 줄어드는 등 변화가 눈에 띈다.

그러나 한국 창업자들은 문제의 본질을 찾으려는 노력이 다소 부족하다. 해외의 인기 서비스를 모방하는 경우도 많고, 모방하더라도 문제의 핵심을 건드리는 노력이 필요한데 겉모습만 비슷한 경우가 종종 있다. 자기만의 정체성 혹은 독창성이 다소 아쉽다.

심지어 이력서에 창업 경력을 쓰기 위해서 창업하는 대학생들도 있으니 이는 인구가 밀집되고 사회적 압력(social pressure)이 강한 한국적 현상처럼 느껴진다.

미국은 타인과의 비교가 상대적으로 덜하고, 본질적 질문들에 자신만의 방식으로 접근하는 창업자들이 한국에 비해서는 상대적으로 많은 편이다.

미국 역시 친한 사람들이나 업계의 이너 서클(inner circle) 안에서는 경쟁이 심하다. 한국보다는 창업에 도전하는 사람들이 많은 듯하나, 미국의 유명 대학 출신들도 창업보다는 구글, 페이스북 등과 같은 인기 있는 회사에 가려는 경향이 강하다.

때로는 벤처캐피털들이 스타트업 간의 경쟁을 부추기기도 하고, 몇몇 스타트업끼리는 누가 더 멋진 사무실을 가졌는지 서로 경쟁하기도 하니 한국이나 미국이나 경쟁이 잘못된 방향으로 발현되는 경우는 있는 것 같다.

창업자 가족의 태도

한국에서는 창업자 가족이 창업을 걱정하는 편이다. 그런데 미국도 박수 치고 환영하는 분위기는 아니다. 스타트업의 성공 가능성이 낮고, 일정 기간에는 경제적인 부분을 희생해야 한다는 것은 한국이나 미국이나 마찬가지이기 때문이다.

스타트업에 취직하는 경우는 다소 다르다. 한국에서는 스타트업과 대기업의 연봉 차이가 다소 나는 편이지만, 미국에서는 차이가 없는 경우도 많다. 게다가 한국도 평생 직장이라는 개념이 점점 사라지고 있긴 하나, 미국은 그런 개념이 거의 없다. 그렇기에 미국에서는 가족이 스타트업 취직을 걱정할 이유가 별로 없다.

초기 핵심 인재

한국이나 미국이나 초기 핵심 인재로는 지인들이 많다. 한국의 경우, 공동 창업자 이후에는 선후배, 친구, 지인 등이 대부분이다. 미국도 초기 핵심 인재는 보통 대학교 룸메이트, 고등학교 및 대학교 친구 등이다.

역량을 포함한 여러 면을 신뢰할 수 있는 지인들을 초기에 고르는 것은 한국이나 미국이나 비슷한 듯하다.

업 ▼

시장 크기

한국과 미국의 차이로 빈번하게 거론되는 것이 바로 시장 크기다. 특히 B2B 분야는 시장 크기의 차이가 꽤 크다. 그런 이유 때문인지 한국에서는 멋지고 큰 B2B 스타트업이 좀처럼 나오지 않았다.

하지만 B2C 분야는 한국이 미국에 비해서 초기 스케일 달성이 수월할 수 있다. B2C 서비스는 인구가 밀집된 대도시를 중심으로 퍼지는 특성이 있는데, 한국이 미국에 비해서 훨씬 도시 중심적이기 때문이다. 한국은 서울을 중심으로 하는 수도권과 5대 광역시 등 인구밀집도가 매우 높은 편이다. 따라서 초반 집객(集客)과 서비스 전파는 한국이 상대적으로 빠르고, 고객 획득 비용(customer acquisition cost) 또한 더 저렴한 편이다.

한국에서의 어려움은 대도시 위주로 시장을 차지한 이후에 발생한다. 미국에서는 1조 원 회사가 내수 시장만으로 10조 원이 되고 100조 원이 되는 경우가 있지만, 한국은 불가능하다. 대부분 한국 스타트업들이 어느 정도 성장하면 해외 진출을 진지하게 고민하는 현상도 이 때문이다.

정부의 역할

한국은 스타트업 생태계 지원에 정부의 역할이 상대적으로 큰 편인데, 스타트업 역사가 짧은 것을 고려하면 당연한 일일 수 있다.

대부분의 한국 벤처캐피털은 한국모태펀드의 출자를 받은 펀드를 운용하는데, 정부가 재원을 공급한 한국모태펀드는 스타트업 생태계 발전에 크게 기여하고 있다. 또한 정부의 연구개발(R&D) 과제 지원이나 준정부기관의 스타트업 지원도 많기에 초기 스타트업 자금 조달은 한국이 더 수월할 수도 있다.

다만 정부 자금의 특성상, 책임지지 않으려는 관료주의로 인해 수많은 문서 작업과 규정에 맞는 영수증 처리를 해야 하는데, 이는 스타트업에는 상당히 비효율적이기도 하다. 문서 작업과 영수증 처리가 가치를 창출하지는 않기 때문이다.

한국 스타트업의 발전을 저해하는 요인 중 하나로 규제를 꼽는다. 미국은 법으로 명확히 금지하지 않으면 사업이 가능한 네거티브(negative) 방식으로, 한국은 법에 명시된 것을 제외하면 모두 할 수 없는 포지티브(positive) 방식으로 규제를 정하는 경향이 있다. 이 때문에 새로운 영역을 혁신하는 스타트업을 하는 데 한국이 다소 힘들다.

또한 기존 규제에 적응한 기득권이 이익을 지키기 위해 규제 완화와 변화를 반대하기도 한다.

자금

창업자의 지분

한국에서는 초기 스타트업 투자에서 투자자가 지분 20% 이상을 가지는 경우가 흔하지는 않다. 창업자의 지분 비율이 상대적으로 높은 편이다.

반면 미국에서는 초기 투자금 유치 시 투자자 40%, 창업자 40%, 그리고 약 20% 스톡옵션 풀(stock option pool) 구조로 지분이 구성되는 경우도 있다. 이사회도 투자자 2명, 창업자 2명, 그리고 외부 인사 1명으로 구성해 창업자와 투자자의 의견을 동등하게 반영하는 경우가 흔하다.

이런 연유인지, 한국에서 활동하는 미국계 벤처캐피털들은 20% 이상의 지분을 원하는 경우가 있는데, 한국 창업자들이 쉽게 받아들이지는 못하는 편이다.

한국은 '재벌' 시스템의 사회적 영향 때문인지 창업자의 회사에 대한 주인 의식(ownership)이 강한 편이며, 대표이사의 법률적 · 도의적 책임 또한 미국에 비해 상대적으로 크다. 한국 투자자들은 창업자들 스스로 본인의 스타트업에 얼마나 투자했는지를 질문하고, 이를 창업자의 주인 의식 혹은 전념의 척도로 고려하는 경우도 있다. 또한 창업자의 지분율을 가급적 높게 유지해 창업자가 강한 애착으로 열심히 전념하기를 바란다.

반면 미국에서는 지분이 많은 창업자들도 '오너'라는 생각이 희박하다. 투자자들도 창업자의 투자금은 덜 신경 쓰며, 그보다는 창업자를 신뢰할 수 있는지를 깊이 고민한다. 그렇지만 미국 역시도 창업자의 동기부여를 위해 창업자가 일정 지분 이상은 가져야 한다고 믿고, 창업자 지분율이 10% 이하라면 스톡옵션을 추가로 지급하는 편이다.

자본금

스타트업 업계에서는 많이 사라졌지만, 여전히 한국은 자본금을 중요하게 생각하는 경향이 있다. 이는 토지, 노동, 자본으로 굴러가는 제조업에서 자본 안정성 지표로 자본금이 중요했기 때문인 듯하다.

미국 스타트업 업계에서는 자본금을 질문하는 경우는 없다. 자본금이 얼마인지는 전혀 중요하지 않다.

투자 계약의 차이점

한국의 투자 계약들은 실리콘밸리를 벤치마킹하면서 발전하기에 투자 계약 자체에 차이가 별로 없고, 설사 차이가 있더라도 스타트업 생태계가 발전하면서 비슷해지고 있다.

다만 한국의 계약은 대표이사에게 책임을 상대적으로 많이 지운다. 이는 한국 상법과 재벌·오너 중심의 경제 문화에 기인한 바가 크다.

매각 혹은 기업공개(IPO)

스타트업의 매각 혹은 기업공개(IPO), 즉 창업자들과 투자자들의 자금 회수 기회가, 한국은 미국에 비해 상대적으로 적다. 자본시장이 상대적으로 성숙하지 않은 이유도 있고, 대기업이나 중견기업의 스타트업 인수도 많지 않기 때문이다.

한국은 대기업, 중견기업이 스타트업 인수를 성장 전략으로 고려하는 경향이 약하다. 스타트업 생태계의 짧은 역사, 기득권을 지켜주는 규제 등으로 인해 스타트업이 성장해 대기업이나 중견기업을 위협한 사례가 아직 드물기 때문인 듯하다.

미국 시장에서는 작은 스타트업이 빠르게 성장해 대기업을 휘청거리게 만드는 경우가 적지 않다. 그렇기에 대기업, 중견기업들이 유관 분야의 스타트업들을 항상 주시하고 전략적 제휴 및 인수를 검토하는 일이 일상적 경영 활동 중 하나다.